메타인지 대화법

메타인지 대화법

지은이 이윤지
펴낸이 임상진
펴낸곳 (주)넥서스

초판 1쇄 발행 2022년 8월 5일
초판 3쇄 발행 2022년 9월 30일

출판신고 1992년 4월 3일 제311-2002-2호
주소 10880 경기도 파주시 지목로 5 (신촌동)
전화 (02)330-5500 팩스 (02)330-5555
ISBN 979-11-6683-318-2 03320

www.nexusbook.com

메타인지 대화법

이윤지 지음

Meta-
cognitive
Communi
cation
skills

자신을
객관적으로
보는 사람이
말을 잘한다

넥서스BIZ

자유와 자신감을 찾을 수 있는
'메타인지 대화법'

첫 책《초등 엄마 거리두기 법칙》을 출간하고 강의 요청이 많이 들어왔다. 첫 번째 일정으로 초등학교 학부모 대상으로 '작가와의 만남' 시간을 가지게 되었다. 1부는 책에 대한 강의로, 2부는 질의응답으로 진행되었다. 며칠 고심해서 PPT도 만들고 꼼꼼하게 준비했는데, 막상 강의를 하다 보니 말문이 턱턱 막히고, 자꾸만 머리가 하얗게 되는 느낌이었다. 청중들의 반응도 시큰둥한 것 같았다. 부끄럽고 자존심이 상해서 정말 쥐구멍에라도 들어가고 싶었다. '아, 나는 왜 이것밖에 안 되는 걸까?' 돌아오는 차 안에서 후회와 자괴감이 밀려왔다.

며칠 뒤 또 교육대학원 학생들을 대상으로 줌 강의를 하게 되었다. 오랫동안 글쓰기에 대해 탐구하고 노력해온 터라 '글쓰기' 강의엔 자신감을 가지고 있었는데, 복병은 따로 있었다.

컴퓨터에 이상이 있었는지 소리가 들리지 않았다. 겨우 돌발 상황을 수습하고 강의를 했는데, 자연스럽게 진행되지 않고 식은땀이 날 정도로 우왕좌왕하게 되었다. 강의를 의뢰한 교수님께 너무 민망했다. 무엇보다 나의 체면이 말이 아니었다.

그날 나는 '아, 이대로는 정말 도저히 안 되겠다. 말하기에 대해 공부하고, 코칭을 받아야겠다'라고 다짐했다. 이튿날부터 바로 말하기에 관련된 책들을 사서 읽기 시작했다. 코칭을 받을 곳을 알아보다 이윤지 아나운서를 만나게 되었다. 처음 코칭을 받는 날 "저는 말하는 것이 너무 두렵고 싫어요. 말을 하려면 제 가슴 위에 큰 바윗덩어리가 얹힌 것 같아요"라고 말했다.

이윤지 아나운서에게 '메타인지 대화법' 코칭을 받은 지 1년의 시간이 흘렀다. 말하기에 대해서 그 누구보다 열정적이고 '진심'인 이윤지 아나운서를 만난 것은 내게 정말 행운이었다. 발성이나 발음 중심의 기술적인 코칭뿐 아니라 삶의 자세와 철학에서 통찰력을 느끼게 하는 그녀의 코칭 방식은 내게 크고 작은 영감을 주곤 했다.

여러분도 예상하겠지만 지금의 나는 완전히 달라졌다. 말하는 것에 재미를 느끼기 시작했고, 두려움과 압박감에서 해방되어 자유로워졌고, 무엇보다 자신감을 가지게 되었다. 대화하거나 말을 할 때, 나와 상대방의 모습, 상황 등을 조망하면서 말을 할 수 있으니 목적을 달성하는 데에도 도움이 되고 후회할 일도 줄었다. 머리로 생각하는 것을 말로 표현할 때도 버퍼링이 일어나던 것이 매일 '메타인지 10분 스피치' 연습으로 쉽게 표현할 수 있게 되었다.

한 사람이 누군가의 도움으로 이렇게 많은 변화를 겪다니 참 감사하고 대단하다는 생각이 든다. 다른 분들도 나처럼 이런 혜택을 누리면 좋겠다 싶었는데, 내가 1년 동안 경험한 '메타인지 대화법' 노하우를 한 권의 책으로 엮어 독자들을 찾아간다고 하니 참으로 기쁘다. "저는 말을 잘 못해서 발표하기 어려워요"라고 쭈뼛쭈뼛하고 뒤로 숨어버리던 사람들에게 "그래, 나도 할 수 있어"라는 용기를 줄 수 있을 것이다. 말을 해놓고 "아이, 참. 내가 왜 그런 말을 했지? 이렇게밖에 말을 못하다니" 하고 후회하는 분들에게 스스로 조망하면서 품격을 유지하는 방법을 알려줄 것이다. 그 외에도 프로페셔널하게 말하는 팁들을 대거 방출해주었으니 남 앞에서 강의를 하는 분들이나, 프로젝트를 발표해야 하는 분들, 사업을 위해 다른 사람을 설득

해야 하는 분들에게 도움이 많이 될 것이다.

코로나19 팬데믹 이후로 사회가 정말 많이 변화되고 있다. 사회가 개인화되면서 말하기와 글쓰기의 역량이 어느 때보다 중요해진 시기다. 아나운서와 스피치 코치로 활동하면서 쌓은 노하우가 농축된 《메타인지 대화법》은 여러분이 가진 어려움과 궁금증을 해결해주고, 자신의 전문성과 실력을 2배로 표현할 수 있도록 도울 것이다. 무엇보다 자신이 원하는 목적을 이루기 위해 자연스럽게 말할 수 있는 강력한 힘을 줄 것이다.

_엄명자(현직 초등학교 교장)

메타인지 대화법은 성공적인 항해를 돕는 똑똑한 나침반입니다

"그 사람 어때?"

참 좋은 사람이었다거나, 멋지다거나, 다시는 그런 사람 없을 것 같다거나. 누군가를 한마디로 정의할 때 우리는 그 사람의 '말'과 태도를 떠올립니다.

인생을 오래 살아온 분들은 처음 만나 '말' 몇 마디만 나누어보면 그가 좋은 사람인지, 믿을 만한 사람인지 알 수 있다고 합니다. 몇 마디 속에는 그의 성품과 태도, 마음, 실력 등이 담겨 있기 때문입니다.

한 번의 만남으로 상대방에게 강렬히 인식되고 싶다면, 좋은 사람으로 기억되고 싶다면 어떻게 임해야 할까요?

"말 한마디에 모든 것을 걸어야 합니다."

대문호는 한 문장으로 독자를 울립니다. 대배우는 찰나의 눈빛으로 관객을 일렁입니다. 이것은 운이 좋아서 우연히 나온 것이 아닙니다. 오랜 경험과 치열한 고민이 피어낸 한 송이 장미꽃입니다.

말을 하는 궁극적인 목적은 이를 통해 내가 바라는 것을 얻기 위해 서입니다. 이는 문제 해결일 수도 있고 면접관이나 상사, 연인, 처음 만난 사람의 마음일 수도 있습니다. 중요한 것은 우리 모두 사람의 마음을 움직이고 얻기 위해 말을 하고 있다는 점입니다.

우리는 모두 인생이라는 바다 위에서 자신만의 배를 타고 항해하고 있습니다. 거친 파도 속에서 생존하기 위해서는 오늘 잡은 물고기도 팔아야 하고 때로는 상대방의 배에 신세를 질 수도 있어야 합니다. 도움을 요청하는 이의 사정을 들어보고 손을 잡아 태워주기도 해야 하지요. 절체절명의 순간에 말실수를 하거나 핵심을 전달하지 못한다면 자칫 물에 빠지거나 안전한 배에 탈 기회를 놓쳐버릴 수도 있습니다. 자유자재로 내가 바라는 항해를 하기 위해서는 스스로 똑똑한 나침반을 쥐고 있어야 합니다.

"목적 달성을 돕는 메타인지 말하기"

성공적인 항해를 위해서는 일단 내가 타고 있는 배를 완벽하게 분석해야 합니다. 나아가 주위를 둘러싼 바다와 전체 날씨를 읽을 줄 알아야겠지요? 당장 목적지에 빨리 가겠다고 내 배만 바라보며 노를 저어서도 안 됩니다. 가다 보면 모터를 멈추어야 할 때도 있고 때로는 비바람을 피하기 위해 뱃머리를 돌려야 할 때도 있습니다.

말로써 목적을 달성하기 위해서는 수려하게 말만 잘해서는 안 됩니다. 대화를 나누고 있는 상대방을 면밀히 살피고, 함께 하는 상황의 전체 흐름을 파악함으로써 적재적소에 필요한 한마디를 건넬 줄 알아야 합니다. 때로는 침묵하거나 조금은 어눌한 말투로 이야기를 하는 것이 유리한 날도 있겠습니다. 이 최선의 결과값을 내놓을 수 있도록 도와주는 것이 바로 메타인지 말하기이며, 이를 통해 메타인지 대화가 가능해질 때 우리는 나와 주위 사람들을 살려주는 똑똑한 나침반을 손에 쥘 수 있습니다.

메타인지란 생각에 대한 생각, 인식에 관한 인식으로써 나의 현 상황과 실력을 객관적인 시선으로 바라볼 수 있는 능력을 말합니다. 말하자면 지금 내가 타고 있는 배의 강점과 약점을 명확하게 알고 있는 것입니다. 이렇게 나를 보는 것이 가능해지면 대화를 함께 나누는 상대방을 이해하는 눈을 갖게 됩니다. 이야기를 나누는 동시에 저 멀리 보이는 바다와 다가올 날씨의 상황까지 예측함으로써 말실수를 피하고 최적의 타이밍에 최선의 말 한마디를 건네는 데 도움을 줄 수 있습니다.

이 책의 1~2장에는 이와 같은 메타인지 말하기를 어떻게 할 수 있을지 관찰, 복기, 모니터링 등 그 구체적인 방법에 대한 설명을 담았습니다. 더불어 나의 배로 고객들을 이끌기 위해서는 승선하는 사람의 니즈에 따라 크루즈선도, 요트도, 카약도 될 수 있어야겠지요? 3장에는 메타인지 말하기에 힘을 실어주는 상황에 따른 이미지의 중요성을 담았습니다. 확성기를 들고 말만 잘한다고 하여 사람들이 내 배에 덥석 오르지는 않습니다. 4~5장에는 진정한 메타인지 대화를 위해 밑바탕이 되어야 할 실력과 진심, 태도 등 반드시 갖추어야 할 기본 자세를 담았습니다. 고객의 마음을 얻어 판매에 성공했을지라도 알고 보니 물고기가 상했다거나, 내 배에 고칠 점이 수두룩하다면 사람들은 다시는 나의 배를 찾지 않을 것입니다. 6장에는 롱런을 가능하게 하는 진정한 나다운 말하기 선수가 되는 법을 담았습니다.

초, 중, 대학교 방송반 아나운서를 시작으로 2009년 본격적으로 방송을 시작한 이래 임신, 출산 시기를 제외하고는 쉬지 않고 방송과 강의, 코칭을 진행해왔습니다. 어릴 적부터 '말'이 좋았고 지금도 '말'에 대한 것이라면 생각만 해도 가슴이 뜁니다. 인생의 기회를 잡은 순간들을 돌아보면 그 자리에는 승부수를 건넨 '말 한마디'가 늘 함께했습니다. 저에게 '말'은 고마운 존재이자 평생 즐겁게 공부할 동반자이기도 합니다. 제가 '말'의 매력에 푹 빠진 이유는 참 좋은 한마디는 나뿐만 아니라 더 많은 사람들과 긍정적인 에너지를 나누는 힘이 되기 때문입니다. 모쪼록 이 책을 통해 지금도 스쳐 지나가고 있는 인생의 소중한 기회들을 잡으시고 매일이 즐거운 항해가 되시길 바라겠습니다.

아울러, 원고를 정성으로 함께 만들어주신 넥서스 출판사의 오정원 편집장님을 비롯한 모든 관계자분들과 퍼블루션 박은정 대표님, 저를 믿고 1년 넘게 코칭을 받으시며 더 큰 가르침을 전해주시는 엄명자 선생님, 부족한 저를 단련하며 훈련해주신 삶의 스승님들과, 글을 쓰는 내내 버팀목이 되어준 사랑하는 남편 재륜 씨와 아들 이든, 소중한 양가 가족분들과 하늘에 계신 어머니, 저희 가족을 위해 기도해주시는 모든 분들께 깊이 감사드리며 부디 더 큰 축복이 임하시기를 기원합니다. 이 책을 통해 단 한 가지만이라도 도움을 드릴 수 있다면 제게 더 큰 기쁨입니다. 모든 영광을 하나님께 돌립니다. 감사합니다.

_이윤지

차례

1장 혹시 나뿐인 말하기를
하고 있나요?

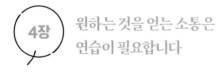

4장 원하는 것을 얻는 소통은
연습이 필요합니다

1장

혹시 나쁜인 말하기를
하고 있나요?

1

한참을 말해도
원하는 걸 얻지 못하는 나

방송 8년 차가 되던 해. 상사의 부름에 달려간 나는 예상치 못했던 지시를 들었다.

"이제부터 너의 업무는 영업이다."

순간, 머리가 하얘졌다. 적어도 내가 알고 있는 아나운서 중에서 방송을 진행하며 섭외 및 판매 업무를 병행하는 사람은 없었기 때문이다. 그러나 나의 충성스러운 입은 이미 대답을 마친 뒤였다.

"넵! 열심히 하겠습니다!"

불안한 마음을 감추는 우렁찬 목소리가 야속하게 느껴졌다.

'무얼 먼저 해야 하나?'

우선, 상품 소개서를 여러 장 인쇄했다. 미팅하는 사람들에게 전해줄 회사 사은품도 넉넉히 챙겨두었다. 당시 친한 지인들은 나를 놀리곤 했다. 양손 가득 쇼핑백을 들고 다니는 모습이 우스꽝스럽다고 말이다. 회사 로고가 박힌 보조배터리가 내 트레이드마크 같다고도 했다. 그런 건 하나도 창피하지 않았다. 나의 관심사는 그래서 내가 만난 고객이 내가 제안한 상품을 '구매'하기로 했느냐 그뿐이었다.

🌐 단 한 번뿐인 기회의 순간

단 한 번의 만남으로 상대방의 마음을 사로잡아야 하는 경우가 있다.

꿈에 그리던 회사의 면접실에 들어갔을 때, 가슴 뛰는 상대를 만났을 때, 파리 날리던 가게에 드디어 행인이 들어왔을 때 등 말이다.

공통점은 다음은 없다는 것이다. 세상은 우리에게 많은 기회를 주지 않는다.

'말'이라면 누구보다 자신 있는 나였다. 직업이 아나운서였으니 말은 못 해서도 안 될 일이었다. 영업이란 사람들에게 주로 말로써 상품을 소개하는 일이니 의외로 어렵지 않겠다는 생각도 들었다. 말이라면 내가 전문가 아닌가!

그러나 실전 경험을 해보니, 영업을 잘하기 위한 말하기는 방송을 잘하기 위한 말하기와는 다른 세계였다. 신뢰감 있는 목소리로 또박또박 상품 소개를 한다고 해서 그것이 구매 결정으로 이어지는 것은 아니었다.

본격적인 회사 생활을 하다 보니 상사에게 브리핑을 하거나 부서

별로 의견을 조율할 때는 또 다른 말하기를 구사해야 했다. 시원한 발성과 정확한 발음으로 말한다고 해서 협상이 잘 이루어지는 것도 아니었다. 같은 뿌리에서 나온 말일지라도 '상황'에 따라 모두 다른 꽃을 피워내고 있었다.

◐ '말'이라는 공통된 뿌리와 다양한 꽃송이

그래서 나의 영업 도전기는 어떻게 되었을까?

거절당하는 것이 일상이었다. 생각해보고 연락을 주겠다는 답변만 연달아 듣기도 했다. 처음에는 사람들이 정말 고민할 시간이 필요한 줄 알았다. 여러 차례 확인 전화를 해본 뒤에야 알게 되었다. 완곡한 거절의 표현이었다는 것을.

한참 동안 성과가 부진하던 어느 날, 불현듯 영업인으로서의 말하기와 아나운서로서의 말하기의 '근본적인 원리'는 똑같다는 것을 깨달았다. 그리고 이를 적용하여 1년 만에 억대의 영업 이익을 내는 데 성공하였다. 해당 성과로 회사로부터 특별 공로상을 받기도 했다.

다시, 영업 이익을 내기 전의 말하기로 돌아가 보겠다. 그때 나는 어떤 우를 범했을까?

◐ 잊지 못할 이불킥 스토리

상품의 타깃 고객들이 가득한 저녁 파티 자리였다. 모두 웃으며 화기애애하게 대화를 나누고 있었다. 그 안에서 집중을 못 하는 사람은 아마도 나뿐이었을 것이다. 겉으로는 웃고 있었지만 속으로는 애가 타고 있었다.

'언제쯤 상품 이야기를 꺼낼까? 누구에게 말을 건넬까? 괜히 분위기만 이상해지는 거 아니야?'

화려한 샹들리에 조명 아래서 나는, 어떤 타이밍에 누구에게 상품을 알릴지 호시탐탐 기회를 노리고 있었다. 그러던 중 옆자리에 앉아 있던 한 사람이 대화에서 빠져나와 물을 마시기 시작했다. 나는 이때다 싶어 단도직입적으로 상품에 대한 이야기를 시작했다.

결과는 어땠을까? 참패, 참패, 대참패! 이불킥 흑역사에 한 줄이 새겨지는 순간이었다. 첫 마디를 건네자마자 목적을 간파한 그분은 내게 큰 소리로 말했다.

"난 그런 거 관심도 없고 전혀 돈 내고 할 생각 없어요!"

순간 침묵이 흘렀다. 신나게 웃으며 대화하던 사람들이 모두 나를 쳐다보는 듯했다. 이게 이 정도로 무안을 줄 일인가? 어색하게 미소 지으며 알겠다고 말씀드리고는 꾸역꾸역 밥을 먹기 시작했다. 그러나 마음은 울고 있었다.

'도대체 내가 뭘 잘못한 건데요. 네?'

이유를 알 수 없었다.

결과적으로 나는 이날 내가 원하는 것을 얻지 못했다.

다음 중 나에게 해당하는 말하기에 체크 표시해보세요.

   표시한 항목의 개수가 많을수록 '나쁜인 말하기'를 하고 있을 가능성이 높습니다.

사람들 앞에서 말하고 난 뒤 내가 무슨 말을 했는지 기억이 잘 나지 않는다. ☐

상사가 지적을 해도 나에게 왜 그러는지 이유를 모르겠다. ☐

사람들이 항상 나에게만 뭐라고 하는 것 같아 억울한 마음이 든다. ☐

내가 돋보이지 않으면 화가 나고 칭찬을 한 번은 들어야 만족이 된다. ☐

모임을 하고 나면 다른 사람이 한 이야기는 잘 기억이 나지 않는다. ☐

대화를 할 때 상대방이 어떤 기분인지 별로 관심이 없다. ☐

불필요한 말을 해놓고 후회하는 날이 많다. ☐

상대방이 들으면 기분이 안 좋을 걸 알면서도 입이 간지러워 꼭 말을 한다. ☐

내가 할 말을 생각하느라 상대방이 하는 이야기가 잘 안 들어올 때가 많다. ☐

세상 모든 사람이 내 마음을 몰라주는 것 같아 속상할 때가 많다. ☐

현장에 도착하면 지금 어떤 분위기인지 상황을 파악하는 것이 어렵다. ☐

내가 말을 시작하면 사람들이 지루해하고 집중하지 않는다. ☐

하고 싶은 이야기를 다 못하고 집에 오면 화가 나고 억울하다. ☐

나 혼자서 말하는지도 모른다

인터넷 커뮤니티에서 종종 볼 수 있는 고민 상담 글이 있다. 모임에서 이 사람만 이야기를 시작하면 대화의 맥이 끊기고 분위기가 어색해진다는 사연이다. 이 친구랑만 대화를 나누면 이상하게 답답하고 내 이야기는 무시당하는 것 같아 다시는 보고 싶지 않다는 글도 심심찮게 올라온다.

혹시 당신도 이런 상대를 만난 적이 있는가? 사연 속 이 사람들은 왜 함께하는 이들을 힘들게 하는 걸까?

● '나'만 생각하는 말하기는 소통이 아닌 불통이다

듣는 사람에 대한 배려와 관심 없이 '나'의 입장에서만 대화를 끌어갔기 때문이다. '나'만 생각하며 이야기하는 사람은 앞에 누가 앉아 있든, 그 사람의 기분이 어떠하든 신경 쓰지 않는다. 이런 경우 상대방은 소통하는 느낌을 받지 못하고 계속되면 무시당한다는 생각마저 들 수 있다. 불통의 상황에서 서로의 인연이 오래가기는 쉽지 않다.

이전에 장거리 여행을 다녀온 지인에게 즐거웠느냐고 물어본 적이 있다. 행복한 답변을 들려줄 줄 알았던 예상과는 달리 그는 축 처진 목소리로 말했다. 이동하는 내내 동행했던 사람이 말을 걸어서 괴로웠다는 것이다.

"피곤할 때는 잠시 쉬고 싶다고 말하면 되잖아요."

그러나 배려 깊은 지인은 차마 상대방에게 솔직하게 말을 할 수 없었다고 한다. 대신 간절히 비언어적인 신호를 보냈다고 했다. 이야기를 들으면서 눈을 감거나 하품을 하기도 했다는 것이다. 그럼에도 불구하고 눈을 감고 있는 지인의 귀에 쉴 새 없이 본인의 이야기를 들려주었다는 당시 상황을 들으니, 상상하는 것만으로도 피로해졌다. 관심을 조금만 기울였다면 배려해줄 수 있었을 텐데 안타까운 마음이 들었다.

한 번 바통을 잡기만 하면 일방적으로 말을 늘어놓는 사람의 이야기를 들어주는 것은 어려운 일이다. 상황이 어떻게 흘러가든 아랑곳하지 않고 말하는 태도는 함께하는 이들에게 스트레스를 줄 수 있다. 이런 경험이 반복되면 나중에는 그가 첫마디만 시작해도 부담감이 몰려온다.

'아, 오늘은 얼마나 참고 견뎌야 하지?'

나의 시점에 매몰된 말하기는 대화의 전체 흐름을 파악하지 못하게 할 뿐만 아니라, 상대방을 배려하지 않는 태도로 말실수를 불러일으키기도 한다.

🔘 '나'뿐인 말하기는 말실수의 원인이 된다

아직도 잊히지 않는 사연이 있다. 수술을 앞둔 A에게 한 친구가 주위에 같은 질환을 앓았던 사람이 있다며 전화를 걸어왔다고 한다. A는 당연히 위로를 해주려나 보다 하며 듣고 있었는데, 마지막에 그가 세상을 떠났다는 이야기를 들려주더라는 것이었다. 예상치 못한 결말에 깜짝 놀란 A는, 그렇지 않아도 수술을 앞두고 불안한 사람에게 무슨 의도로 그런 말을 했는지 모르겠다며 섭섭한 마음을 표현했다.

순간 나도 듣다가 두 귀를 의심했다. 수술을 앞둔 사람에게 그런 끔찍한 말을 할 이유가 뭐란 말인가! 그래서 정확히 어떤 대화를 나누었는지 한 번 더 확인해보았다.

알고 보니 친구가 말했던 정확한 표현은, 지인이 수술 후 '쉬지 않고 무리하며 일을 하다가' 세상을 떠났다는 말이었다. 추측건대 아마도, 친구는 A가 수술 후 무리하지 말고 푹 쉬었으면 하는 마음을 전하고자 한 것 같았다. 이런 생각을 말하니 A는 아무래도 그게 맞는 것 같다며 마음을 가라앉혔다.

● 그럴 의도가 없던 말에 애꿎은 개구리만 죽는다

상처를 주는 말 중에는 그럴 의도가 전혀 없던 말들도 있다. 그러나 전후 상황을 고려하지 않고 던진 돌에 개구리는 세상을 떠나기도 한다.

백신 접종을 앞둔 친구에게 도움을 준답시고 부작용에 대한 뉴스를 가득 전해준다면, 그렇지 않아도 불안한 친구는 기분이 상할 수 있다.

'나보고 부작용이 생기라는 말인가?'

자식의 시험을 앞둔 부모를 만난 자리에서 주위 사람이 낙방한 사례를 들려준다면 듣는 사람은 열불이 날지도 모른다.

'우리 애도 떨어지라는 거야 뭐야?'

면접을 보러 갔는데 해당 회사에 대한 문제점과 본인의 단점을 구구절절 늘어놓는다면 면접관은 헷갈릴 수 있다.

'우리 회사에 오기 싫다는 건가?'

어떠한 말을 할 때는 화자의 '의도'가 있기 마련이다. A를 말하고자 했는데 청자에게 B로 전달된다면 이처럼 속상하고 억울한 일도 없을 것이다.

'아, 내가 하려던 말의 뜻은 그게 아니었는데….'

이런 순간을 맞이한 적이 있다면 그때 우리는 상대방을 앞에 두고도, 나뿐인 말하기를 했는지도 모른다. 중요한 건 사람들이 혼자만의 말하기에 빠진 이에게 이 사실을 알려주지 않는다는 점이다. 서서히 피하거나 조금씩 달라지는 분위기를 조성할 뿐이다.

우리가 스스로 지금 내가 어떤 말하기를 하고 있는지 알아차려야 하는 이유다.

HOW TO 다이어트가 필요한 말하기

❶ 상대방을 놀리는 언행

가끔 분위기를 띄우려는 목적으로 청중을 비하하는 농담을 건네는 강사를 봅니다. 아무리 흥겹게 건넨 말일지라도 자신을 놀리는 언행을 반기는 사람은 없습니다. 설령 당사자는 괜찮다고 말하더라도 주위 사람들이 불쾌함을 느낄 수 있습니다. 일단 누군가의 말 한마디로 마음에 상처를 입으면, 그 사람이 무슨 말을 해도 받아들이기 힘들어집니다. 이미 귀와 마음이 닫혀버렸기 때문입니다. 분위기를 띄우기 위해 무례한 농담을 하지 말아주세요. 또한 가까운 사이일수록 정서적으로 밀접한 영향을 주고받고 있기 때문에 친할수록 말한마디에 더욱 조심해야 한다는 점을 기억해주세요.

❷ 지나친 나의 이야기

TMI라는 말이 있습니다. Too Much Information의 약자로 굳이 상대방이 알고 싶지 않은 정보를 과하게 들려줄 때 쓰는 표현입니다. 사람들은 본인이 관심 있는 이야기를 듣고 싶어 합니다. 말을 잘하기 위해서는 내가 나누고 싶은 이야기를 재미있게 들려주는 것도 중요하지만, 그 이전에 '상대방'이 듣고 싶은 이야기를 먼저 말할 수 있어야 합니다. TMI를 줄이는 유용한 방법은 일단, 상대방의 이야기를 '듣는' 것입니다. 이는 생각보다 대단히 많은 노력을 필요로 합니다. 자꾸 내 이야기가 하고 싶어지기 때문입니다. 앞에 있는 사람의 이야기를 경청하며 중간중간 궁금한 점만 질문하여도 시간은 금세 흐릅니다. 그러다 상대방이 나에게 질문을 건네면 그때 답변을 해도 충분합니다. 이때도 A를 물어보았는데 B, C, D까지 끊임없이 말하면 상대방이 질문한 것을 후회할 수 있습니다. 결론부터 짧게 말하는 연습을 해보시기 바랍니다.

❸ 이 자리에 있지 않은 남의 이야기

대화를 할 때는 지금 이 자리에 있는 나와 당신, 우리의 이야기에 집중하는 것이 좋습니다. 가끔 이야기의 80%가 남의 이야기인 사람을 만납니다. 그럴 때는 귀를 반쯤 닫습니다. 어른은, 내가 한 말에 책임을 질 수 있어야 합니다. 지금 내가 하는 말이 사실에 근거한 진실인지, 확실히 맞는 말인지 고민한 뒤 한마디를 내뱉다 보면 할 수 있는 말은 자연스레 줄어듭니다. 일단 남의 이야기를 잘못 전하거나 오해를 일으킬 가능성이 사라집니다. 가볍지 않고 진중한 말로 채워갈 때 사람들이 나의 한마디에 집중하며 신뢰한다는 것을 기억해주세요.

❹ 확실히 알지 못하는 이야기

내가 명확히 알고 깨달은 이야기는 설명이 길어지지 않습니다. 상대방의 눈높이에 맞추어 간단하게 한두 마디로 정리할 수 있습니다. 반면, 공부는 했으나 아직 완벽하게 이해하지 못한 이야기는 미사여구와 어려운 단어가 나열됩니다. 정확히 알지 못하는 것이 들통날까 봐 수습하다 보니 말이 길어지기도 합니다. 글로 생각을 정리해가는 과정은 괜찮지만 이를 자꾸 사람들에게 말로 가르쳐주려다 보면 상대방은 괴로움을 느낄 수 있습니다. 내가 누군가에게 무언가를 알려줄 때는 먼저 이 사람이 나에게 배우고 싶다고 요청했는지를 명확히 판단하고, 부탁에 의하여 알려줄 때는 어렵고 긴 설명이 아닌, 눈높이에 맞는 쉬운 언어로 전달하는 연습을 꾸준히 해보시면 좋겠습니다.

3

내 만족만 추구하는 말하기

"아니, 내가 내 입으로 말한다는데 하고픈 말만 하면 뭐 어때요?"

맞다. 우리 모두에겐 자유롭게 말할 권리가 있다. 만약 이 세상을 혼자 살아도 된다면 우리는 편안하게 내 식대로 말하며 지내도 괜찮을 것이다.

그러나 세상은 혼자 살아가는 곳이 아니다. 가족과 친구, 동료, 처음 만나는 수많은 사람들과 대화를 나누며 지내는 곳이다. 설령 내가 1인 가구의 프리랜서라 할지라도 의, 식, 주를 해결하기 위해서는 누군가에게 원하는 것을 말하고 상대방의 요구사항을 들어주는 과정을 반드시 거쳐야 한다.

들어가는 회사마다 이상한 사람들을 만나 힘들다는 C가 있었다. 그러던 중 그와 함께 일하는 담당자로부터 C에 대한 하소연을 듣게 되었다. 그는 평소에는 온순하지만 '지적'을 받으면 180도 달라져서 주위 사람을 당황하게 한다는 것이었다. 최근 한 업무에서도 C가 중요한 실수를 하였는데 계속 부인하다가 담당자가 정확한 근거로 반박을 하니 그제야 마지못해 사과를 했다고 하였다. 이어 그는 지친 목소리로 말했다. 다시는 C와 일을 안 할 것이라고 말이다.

문득, 옮기는 회사마다 답답하고 못된 사람들만 만난다고 했던 C의 볼멘 목소리가 떠올랐다. 알고 보면 귀를 닫고 내 만족만 추구하는 말하기가 원인이었을지도 모른다는 생각이 들었다.

주위를 원망하는 말을 자주 하던 D도 함께 일해보니 왜 주변에서 싸늘한 반응을 보이는지 느낄 수 있었다. 그가 하루도 빠짐없이 하는 일과가 있었는데 바로 부하 직원들을 불러 화를 내는 일이었다. 비단, 업무뿐만 아니라 아까 그 언행이 자신을 무시하는 것 아니었느냐는 질타도 자주 하였다. 당시 두세 명의 직원들과 함께 일하고 있었는데 우리는 모두 그와의 '대화'를 포기하였다. 무슨 말을 해도 어차피 수용이 안 된다는 것을 경험을 통해 깨달았기 때문이다. 따라서 D가 이야기를 시작하면 모두가 일단은 "네" 하며 수긍하는 방식을 택하였다. 얼른 대화를 마쳐야 일을 할 수 있었기 때문이다.

상대방이 무슨 말을 해도 듣지 않고 내가 보고 생각한 대로만 믿으며 말하는 것은 소통이 아니다. 그저 내 만족을 위한 말하기를 하는 것이다.

● 대화가 통하기 위한 조건

"이상형이 뭐예요?" 많이들 답변한다.

"대화가 잘 통하는 사람이요."

"헤어지는 이유가 뭐예요?" 흔히 대답한다.

"대화가 잘 안 통해서요."

대화가 통(通)하려면 무엇이 필요할까? 일단 서로의 이야기를 '들어'는 주어야 할 것이다. 상대방의 이야기를 '듣지' 않는다면, 그는 아직 대화할 준비가 안 되어 있는 것이다.

입은 하나이지만 귀는 둘이다. 말하기에 앞서 '귀'를 열어야 하는 이유를 우리 몸은 이미 알고 있다. 말을 잘하고 싶다면 일단 듣고, 상대방의 이야기가 맞다면 바로 '인정'하자. 대화 중 나의 실수를 발견했다면 빠르게 받아들이고 수정·보완하자. 이것만 실천해도 성장 속도는 급속도로 높아진다.

● 들으면 들을수록 병이 쌓이는 말

그러나 때로는, 아무리 잘 들으려 노력해도 도무지 듣기 힘든 말이 있다. 본인의 생각과 감정에 꽉 차 있는 말하기다. 듣는 사람은 괴로움에 병이 쌓여간다.

마음속 커다란 풍선 안에 온갖 욕심과 화와 서러움을 채워놓고 누구 한 명 털어놓을 이를 찾아 헤매는 사람은, 한풀이 따발총을 장

전한 저격수와도 같다. 이런 경우 들어주는 사람은 에너지가 다 소진될 뿐만 아니라 우울하고 억한 심정까지 전달받는다. 부모와 자식, 부부 사이 이렇게 한쪽이 감정 쓰레기통 역할을 하다 보면 듣는 사람은 우울증을 앓기도 한다. 성심성의껏 여러 차례 이야기를 들어주어도, 고마워하기는커녕 나중에는 더 이상 받아주지 않는다며 욕설과 화풀이 대상으로 삼는 경우도 있다.

이것은 소통의 '대화'라고 할 수 없다. 분풀이라는 것은 상대방을 배려하지 않고 일방적인 말하기를 하는 것이기 때문이다. 이것을 스스로 인지하지 못하고 자꾸 주위 사람들에게 하소연하거나, 나의 존재감을 드러내기 위해 조언을 반복하다 보면 외로워질 수 있다. 당사자는 주위 사람들이 모질고 정이 없다고 생각할 수 있지만, 알고 보면 이미 많은 이들이 꾹 참으며 상처가 깊어진 뒤인지도 모른다.

⬤ 소통하고 싶다면 나의 말하기를 '판단'할 수 있어야 한다

우리가 '말'을 하는 이유는 무엇일까?

벽이 아닌 '사람'에게 말을 하는 이유는 무엇인가?

관계를 끊고 보지 않기 위해 말하는 경우는 거의 없다. 대부분 상대방에게 나의 의사를 전달하여 서로 '소통'하고자 말을 수단으로 한다.

열 길 물속은 알아도 한 길 사람 속은 모르듯이 인간의 마음은 간사하고 어려운 존재다. 그런데 이 예민하고 까다로운 마음을 좌우하는 '말' 한마디를 의외로 너무 쉽게 내뱉는 경향이 있다. 입 밖으로 나오기 이전에 지금 이 말이 상대방을 밀어내는 말인지, 잡아당기는 말인지 반드시 스스로 '판단'할 수 있어야 한다.

나의 시간과 기분이 소중하듯이 상대방의 1분 1초와 감정 또한 귀중하다. 매일 열심히 살아내기도 바쁜 이들이 누군가의 지루하고 무례한 이야기를 내내 들어줄 의무는 없다.

그러나 이러한 세상 속에서도 우리는 살아남아야 할 것이다! 단 한 번 다가오는 귀중한 기회를 붙잡아 일도 시작하고 소중한 인연을 이어가야만 한다.

그러기 위하여 이제, 나만의 만족을 위한 말하기에서 한 걸음 더 나아가 눈앞의 사람을 바라보자. 한마디 말을 통해 '상대방'의 만족까지도 충족해줄 수 있을 때 비로소 우리는 통하는 말하기를 나누고, 궁극적으로 바라는 일들 또한 이뤄갈 수 있을 것이다.

HOW TO **잘못한 '일'은 '내'가 아닙니다**

자신을 향한 말에 버럭 하는 사람들은 '일'에 대한 질타를 '나 자신'에 대한 공격으로 받아들이는 경향이 있습니다.

얼마 전, 집 앞 슈퍼에서 황당한 장면을 목격했습니다. 한 할아버지가 슈퍼마켓 주인아저씨에게 "이거 왜 불(전등)이 꺼져 있소?"라고 물어보았어요. 그런데 "아니, 이게 뭐 내가 껐어요? 왜 나한테 그래요? 내가 여기 담당자예요?" 주인아저씨가 하늘이 떠나가라 소리를 지르며 화를 낸 것이었습니다. 멀리서 제3자인 제가 봐도 할아버지는 그냥 물어본 것이었는데 슈퍼 아저씨의 반응은 본인을 무시한다고 느낀 듯한 과잉 반응이었습니다. 그날 이후로 성난 주인아저씨의 슈퍼에 갈 때마다 조심스럽고 발걸음도 뜸해졌습니다.

조언을 들을 때마다 자존심 상했던 초년생 시절

처음 일을 할 때 제가 그랬습니다. 일에 대한 지적을 받은 건데, 마치 저라는 사람의 '존재'를 해코지하는 것 같아 자존심이 상했습니다. 방송을 하다 보면 하루에도 수많은 의견을 듣습니다. 헤어스타일, 의상, 표정, 어투 등에 대하여 사람마다 들려주는 조언도 다양합니다. 초년생 시절에는 한 마디 한 마디를 들을 때마다 괴로웠습니다. 다들 나한테만 왜 이러는 건지 원망이 되었습니다. 이는, 궁극적으로 '나'와 '일'을 분리하여 생각하지 못한 것이 원인이었습니다.

TV 스크린에 얼굴이 비추어지는 업무를 하는 사람으로서 화면에 보이는 스타일에 대한 목소리를 듣는 것은 당연한 일입니다. 또한 사람마다 의견이 같을 수는 없습니다. 프로페셔널하게 조언을 듣고 "네, 알겠습니다. 말씀 감사합니다" 하며 업무의 연장선에서 참고하고 반영하여 개선하면 될 일이었습니다. 더군다나 사실 시간을 쪼개어 코멘트를 해주는 것도 정성이며 고마운 일입니다.

사람들이 제게 주었던 의견들은 저라는 '존재'에 대해 하는 말이 아니었습니다. 우리 방송국의 '아나운서'라는 역할을 가진 사람에게 업무적인 조언을 준 것이었지요. 세상의 어떤 역할이든 다양한 시각을 가진 사람들에게 언제나 100% 좋은 말만 들을 수도 없는 일입니다.

일할 때 듣는 조언들은 그냥 A씨에게 하는 말입니다

회사에서 온갖 다양한 사람들이 당신에게 하는 지적과 조언들은 그저 그 자리에 있는 A씨에게 하는 말입니다. 어느 누구도 '당신'을 잘 알지 못합니다. 이윤 추구를 위해 모인 회사라는 일터에 있는 사람은 더욱 그러하며, 이곳은 일에 집중하는 곳입니다.

회사의 이윤 추구라는 '목적'을 이루기 위해서는 서로 문제를 '해결'하기 위한 다양한 말들을 끊임없이 주고받아야 합니다. 그 속에서 프로페셔널한 말하기 선수가 되려면, 이러한 업무적인 말 하나하나에 크게 마음을 쓰지 말아야 합니다. 상대방 언어의 분위기나 나를 향한 태도에 집중하기보다는, 그가 하는 말 속에 담긴 '요청사항'을 빠르게 파악하고 그에 대한 '문제해결'을 하는 데 주안점을 두어야 합니다. 말 잘하는 '일잘러'가 되기 위해서는 말입니다.

물론, 업무와는 상관없는 인신공격의 언행이라면 단호하게 대처해야 합니다. 그러나 그저 '일 자체'에 대한 이야기라면 하나하나 마음에 담아 자존감까지 해치지는 마세요. 나 또한 상대방에게 '일'에 대한 코멘트를 하는 경우 '사람' 자체에 대한 지적을 해서는 안 될 것입니다.

'A씨는 보면 이런 게 꼭 문제더라. 원래부터 이해력이 좀 안 좋았어요?' 같은 말이 나오려거든 입을 꼭(!) 닫고, 내가 지금 왜 화가 났는지 곰곰이 생각해보세요. 그 원인 중 업무적인 요소만 남겨서 팩트만 전달하면 됩니다.

"이전에 해당 부분에 대해 이렇게 말씀드렸는데, 여기 보면 전혀 다른 방향으로 제출했네요. 이유가 무엇인지, 먼저 설명을 좀 부탁해도 될까요?"

근거 자료를 통해 '사실'에 의거하여 대화하다 보면 서로 선을 넘는 언행을 예방할 수 있습니다. 업무 대화를 나눌 때는 그 사람이 아닌, '일'만 바라보고 '문제 해결'에만 집중해보기 바랍니다.

4

인턴기자 영상이 웃긴 이유

"젊은 패기로! 신속 정확한 뉴스를 전달한다! 안녕하세요! 인턴기자 주! 현! 영! 입니다!"

한껏 격양된 목소리, 어색하게 동그란 눈, 예상치 못한 질문에 지나치게 당황하는 모습, 급기야 울먹이며 사라지는 인턴기자.

쿠팡플레이가 공개한 코미디 프로그램 〈SNL 코리아〉의 인턴기자 코너 속 주인공 모습이다. 이 첫 번째 영상은 공개된 지 3주 만에 조회수 540만 회를 넘을 정도로 큰 인기를 끌었다.

사람들은 주 기자의 모습을 보며 박장대소했고 "주변에 똑같은 사람이 있다", "예전 나의 모습을 보는 것 같아 부끄러웠다", "나는 아직도 발표할 때면 저렇게 긴장을 해서 마냥 웃을 수만은 없었다"

며 다양한 공감의 댓글을 남겼다.

실제로 이 영상을 보면 분명히 어디선가 한 번쯤은 본 듯한 익숙함이 느껴진다. 우리 주위에서 흔히 볼 수 있는 말하기의 양상인 것이다. 인턴기자는 분명 최선을 다해 열심히 말하고 있다. 그런데 그를 바라보는 우리가 민망하고 낯 뜨거워지는 이유는 무엇일까?

● 당신들과 상관없이 나는 나대로 말합니다!

〈SNL 코리아〉 속 인턴기자가 리포팅을 할 때 자신을 둘러싼 상황을 전체적으로 살펴보지 않고 '본인'의 말하기에만 집중하고 있기 때문이다. 그러다 보니 선배 기자가 어떤 질문을 건네든 소통이 잘 이루어지지 않는다. 맥락에 상관없이 미리 준비한 대사를 그대로 전달하기에 급급하다. 한마디로 그녀의 말하기 태도는 다음과 같다.

'당신들은 그냥 듣기만 하세요. 난 내가 준비한 대로 말할 테니!'

반면 개그우먼 안영미가 연기하는 선배 기자는 전체적인 분위기를 인지하며 뉴스를 이끌어간다. 인턴기자가 어색하게 말을 할 때는 다소 당황스러운 듯한 표정을 짓기도 하고, 잠시 침묵을 활용하여 관객에게 웃을 여유도 준다. 그러나 인턴기자는 얼른 이 상황을 벗어나고 싶은 생각뿐이다. 급기야 "너 준비 안 했지!" 하는 선배 기자의 말에 서러운 표정으로 울먹이다 무대 밖으로 사라진다.

● 준비가 덜 되면 긴장감에 상황이 보이지 않는다

인턴기자의 화법이 웃긴 이유는 그가 '나만 바라보는' 말하기를 하고 있기 때문이다. 더불어 주위를 살펴볼 여유 없이 일방적인 말하기를 구사하는 이유는, 선배 기자가 말한 것처럼 '준비가 덜 되었기' 때문이다. 스피치 연습이 충분하지 않고, 말하는 내용에 대한 공부가 부족하면 나를 둘러싼 상황이 잘 보이지 않는다. 불안한 마음에 긴장감이 몰려오기 때문이다.

이런 사례는 주변에서 흔히 볼 수 있다. 사회 초년생이 상사에게 보고하러 가거나 선후배, 동료 앞에서 프레젠테이션를 할 때 속으로 간절히 바라는 것이 있다.

'제발 추가 질문은 하지 말아주세요.'

예기치 못한 질문이 날아오면 머리가 하얘지고 내가 지금 무슨 말을 하고 있는지 모른 채 비슷한 말만 반복하게 되기 때문이다. 면접을 볼 때도 마찬가지다. 붙고 싶은 회사에 대한 공부가 덜 되어 있거나 스피치 연습이 충분하지 않으면, 자신감이 떨어져 시험장에 들어가기 전부터 심장이 요동친다. 긴장감이 극대화되면 현장 분위기나 면접관의 반응과는 동떨어진 말만 하게 될 가능성도 있다.

⬤ 연습과 경험을 통해 인턴기자에서 벗어나야 한다

새 학기가 되면 긴장하며 발표하는 학생들이 많다. 커다란 강의실에서 스피치를 해본 경험이 '필연적으로' 부족하기 때문이다. 처음에 긴장감이 몰려오는 것은 너무도 당연하다.

그러나 시간이 흘러 사회에 나와서도 같은 모습이라면 능력을 인정받기 어렵다. 고객을 만나거나 거래처와 미팅을 할 때, 회사에서 프레젠테이션을 할 때도 여전히 상호 작용 없이 내 방식대로만 말을 한다면, 전달력과 신뢰감이 떨어질 수 있기 때문이다. 무엇보다 단 한 번의 기회로 상대방의 마음을 사로잡기는 더욱 어렵다. 일방적인 대화는 함께하는 이의 마음을 열지 못한다.

혹시 나 자신이 일방통행 화법을 구사하는 것 같아 걱정이 되는가? 한 가지 희망적인 이야기를 전해주고 싶다.

앞선 〈SNL 코리아〉의 선배 기자도 인턴기자 시절이 있었다는 것이다. 영업 실적 왕도 맨 처음에는 모르는 사람 앞에서 벌벌 떨며 말한 경험이 있다. 나 또한, 나만 납득되는 말을 하며 면접에서만 수십 차례 떨어져 보았다.

우리 주현영 인턴기자는 굉장히 대단한 발전을 했다! 일단 '경험'이라는 첫발을 내딛었기 때문이다. 이제 이다음 무대에서는 0.001%일지라도 무조건 더 좋아질 일만 남았다. 한 번의 경험은 머리로 열 번 공부한 이상의 '성장'을 가져다준다.

HOW TO 오프닝 인사는 애국가 수준으로 암기해보세요

사람들은 오늘 이 발표에 집중할지를 '언제' 결정할까요?

발표자의 '오프닝'을 보았을 때입니다. 전문가가 아닐지라도 누구든 시작할 때 척 보면 '아! 이 사람 실력자다. 와! 몰입된다!' 하는 것이 한눈에 결정되기 때문입니다.

인내심이 초 단위로 짧아지는 현대인

'에이, 설마' 하는 생각이 드신다면 유튜브를 한번 떠올려볼까요? 여러분은 영상을 클릭할 때 계속 시청할지 다음으로 넘어갈지를 몇 초 안에 결정하시나요? 1인 유튜버가 진행하는 영상의 경우 "여러분, 안녕하세요!" 하고 첫인사를 건네는 순간 어느 정도 판단이 내려질 수 있습니다. 대문 사진인 썸네일의 중요성이 커지고 영상이 시작되자마자 흥미를 돋우는 '예고편'이 등장하는 이유 또한 '앞'부분에서 시선을 사로잡는 것이 이탈률을 막는 데 효과적이기 때문입니다.

전 세계 10억 명이 사용하는 틱톡(Tik tok)의 동영상 길이는 약 15초입니다. 최근에는 러닝타임이 늘었지만 대부분 인기 영상은 길이가 매우 짧습니다. 유튜브의 쇼츠는 5초~1분, 인스타그램의 릴스 또한 길이가 15초~30초입니다. 중요한 것은, 이렇게 짧은 콘텐츠도 사람들이 끝까지 보지 않는다는 점입니다. 조금 지루해지면 바로 다음으로 넘어갑니다. 이는 갈수록 집중력과 인내심이 줄어드는 현대인의 특성을 반영한 모습이기도 합니다. 발표를 할 때도 청중의 시선을 집중시키기 위해 맨 처음 '오프닝'이 중요한 이유입니다.

완벽한 오프닝은 그날 발표의 성공률을 높여줍니다

만약 발표 전체를 연습할 시간이 부족하다면, '오프닝'만이라도 철저하게 대비해볼 것을 권해드립니다. 청중이 가장 몰입하며 집중하는 곳이 바로 '오프닝'이기 때문입니다. 오히려 뒤로 갈수록 조금 편안하게 해도 괜찮습니다. 그때는 청중도 익숙한 마음으로 보기 때문에 조금씩 대사를 보면서 말해도 크게 무리가 없습니다. 그러나 청중과 인사를 나누는 시작 부분은 되도록 완벽하게 암기해서 대본이 아닌 청중의 '눈'을 보며 말씀해보시기 바랍니다. 첫인상을 결정하는 중요한 파트이기 때문입니다.

오프닝을 '애국가' 수준으로 암기해보세요

그렇다면 오프닝을 얼마나 완벽하게 암기해놓으면 좋을까요?

〈애국가〉를 외우는 정도로 하면 됩니다. "동해물과 백두산이 마르고 닳도록…." 대한민국 국민이라면 누구나 알고 있는 가사입니다. 설령 밤을 새워도, 몸이 아파도, 술에 취해 비틀대도 애국가 앞부분은 술술 부를 수 있습니다. 어렸을 때부터 수많은 반복을 해왔기 때문입니다.

30초~1분 정도의 오프닝 대사를 애국가 수준으로 암기하며 준비해야 하는 이유는, 그래야만 사람들 앞에서 말할 때 대사를 잊어버리지 않기 때문입니다. 아무리 다섯 번, 열 번을 암기하여도 갑자기 무대에 서면 잘 알던 내용도 기억이 나지 않습니다. 극도로 긴장되기 때문입니다. 그러나 수십 번을 반복하며 애국가 수준으로 외워놓으면 일단 마음이 편안해집니다. 그로 인해 당당한 자세로 서게 되며, 나도 모르게 눈빛에 자신감이 깃들게 됩니다. 무수한 연습을 통해 대사가 내 것이 되었기 때문입니다.

대사 암기 후에는 나의 모습을 카메라로 찍어 모니터링해보세요

완벽한 대사 암기 후에는 당당한 자세, 밝은 미소, 자연스러운 시선과 제스처 등을 연습한 뒤 휴대폰 카메라로 촬영해서 내 모습을 모니터링해보시기 바랍니다. 적어도 다섯 번 정도를 반복하여 보면 나의 부족한 모습을 발견할 수 있고 이를 개선함으로써 현장에서도 매끄러운 진행을 하는 데 도움이 됩니다.

도무지 어떤 어투로 말을 해야 할지 감이 잡히지 않을 때는 TV 아나운서의 진행이나 명강사의 강연 영상 등을 보면서 롤모델을 찾아보시기 바랍니다. 그런 다음에 그 사람의 말투와 제스처, 눈빛 등을 똑같이 따라 해보세요.

저의 경우, KBS 라디오 뉴스와 TV 교양 프로그램을 녹음한 뒤 대사를 받아 적어 해당 아나운서의 어투를 따라 해보는 연습을 수차례 반복했습니다. 이때 비슷하게 따라 한다는 느낌보다는 완벽하게 그 사람을 '성대모사'한다는 각오로 말하기 톤과 빠르기, 쉬어주기 등을 세세하게 표시한 뒤 똑같이 구사하기 위해 노력했습니다. 신기하게도 꾸준히 따라 하다 보니 어느새 닮고 싶은 진행자의 목소리나 어투가 자연스럽게 저의 말투로 흡수되는 것을 발견했습니다.

모방만큼 좋은 스승은 없다고 하지요? 꿈꾸는 롤모델이 있다면 그 사람의 목소리를 녹음하여 계속 듣고 따라 해보기시기 바랍니다. 어느새 누군가가 꿈꾸는 목소리의 주인공이 내가 되어 있을지도 모릅니다.

5

원하는 걸 얻으려면
나 중심에서 벗어나야 한다

영업을 시작하고 상품 소개서를 무기 장착하듯 들고 다녔다. 고객을 마주하면 경건한 자세로 맨 처음 1페이지부터 차근차근 설명했다. 회사 연혁부터 시작되는 상품 소개서는 중간 즈음 기대 효과가 담겨 있었고 한참을 더 넘기다 보면 마지막 장에 '그래서 얼마입니다!' 하는 가격 정보가 등장했다. 그런데 사실, 관심 있는 상품을 발견했을 때 궁금한 것은 일단 '가격'이다.

'오케이! 좋은 건 알겠어. 그래서 얼마인데?'

나 또한 백화점을 둘러보다 마음에 드는 옷을 발견하면 슬그머니 가격 태그부터 살펴본다.

그럼에도 불구하고 정작 나는 고객을 만나면 1페이지부터 차례 차례 모든 내용을 다 설명하곤 했다. 그것도 아주 부담스러운 눈빛과 지나치게 정확한 발음을 장착하고 말이다. 이것이야말로 내 입장만 생각한 이기적인 말하기였다.

● 다음 번엔 딱! '여기'만 알려줘도 될 것 같아

한참 고객들을 만나 상품 소개를 다니던 어느 날 내 이야기를 끝까지 들어준 한 지인이 헤어지기 직전 이런 말을 해주었다.

"아참! 윤지야, 그리고 다음에 어디 가면 이거 1페이지부터 다 말 안 해도 돼. 그냥 딱 여기 중간 부분 펼쳐서 기대효과랑 가격만 말하면 다들 알아들을 거야. 힘내라!"

순간, 머리를 망치로 얻어맞은 기분이었다. 말이라면 상당히 잘한다고 생각해왔는데, 이렇게나 지루하고 배려 없는 말하기를 해왔다니 충격이 밀려왔다. 그동안 아무 말 없이 나의 긴 설명을 들어준 사람들에게 미안한 마음이 들었다. 나만 해도 제품 설명서를 보면 가장 궁금한 페이지로 건너뛰는데, 정작 고객을 만났을 때는 목차부터 시작하며 내 입장에서만 이야기하고 있었던 것이다.

● 클로즈업에서 벗어나자, 비로소 전체 '상황'이 보이기 시작했다

그때의 느낌은 내 얼굴만 찍고 있는 클로즈업 카메라에서, 스튜디오 전체를 담은 풀 숏 화면으로 빠르게 줌아웃 된 기분이었다. '나'만 바라보는 클로즈업에서 벗어나자, 비로소 내가 처한 '상황' 전체가 보이기 시작했다.

'그래서 이게 나에게 어떤 도움을 주고 가격은 얼마인데?'

사람들이 궁금해하는 포인트는 이것이었다. 반면, 그동안 나는 '내'가 얼마에 팔아야 하고, 당신이 이걸 해줘야 '내' 실적이 올라간다는 '나'만의 시점에 몰입되어 있었다.

● 모든 중심이 '나'에서 '상대방'으로 바뀌었다

이때부터 나는, '고객'이 필요한 것은 무엇인지, '고객'이 지불한 금액 이상의 효과를 우리 회사가 드릴 수 있는지 모든 생각과 말의 중심을 내가 아닌 '상대방'에게 두기 시작했다.

"이 상품을 통해 '당신'에게 드릴 수 있는 것은 이것이고요! 가격은 얼마인데 그 이상의 효과가 있다는 것을 다음의 데이터를 통해 보실 수 있습니다. 특별히 제가 좀 더 도움을 드릴 수 있도록 최선을 다하겠습니다!"

그 시점부터 나는 약속된 미팅마다 최선을 다해 '고객'의 입장에서 말을 하기 시작했고, 함께 대화를 나누면서도 그가 지금 대화 나눌 시간은 충분한지, 혹시 바쁜 와중에 내가 귀한 시간을 빼앗는 것은 아닌지, 그의 말을 토대로 내가 더 도움 드릴 사항은 없는지, 내가 이야기를 할 때 조금이라도 지루해하는 것은 아닌지 등 상황 전체를 다각도로 관찰하고 파악하며 말을 하기 시작했다.

클로즈업 카메라가 아닌, 상황 전체를 바라보는 풀 숏 카메라의 시선으로 대화에 임하자, 놀랍게도 실적 또한 함께 올라가기 시작했다.

상대방의 마음을 얻고 싶은가?

단 한 번의 만남으로 내가 그리는 이미지를 각인하고 싶은가?

말을 할 때 '상대방'에 중점을 두고 '상황 전체'를 바라보며 대화에 임한다면, 목적을 달성하는 데 도움이 될 것이다.

HOW TO 말하기에 가장 좋은 시간

며칠에 걸쳐 집안의 소소한 공사들과 옷 정리를 모두 마쳤습니다. 미뤄오던 센서등과 수도관 교체 완료. 대대적인 계절 옷 정리 완료. 달랑이고 떨어진 단추들 원상 복귀 완료. 드라이클리닝 완료. 대청소 완료. 오늘의 루틴 골프 연습 완료. 서둘러 서점으로 달려갑니다. 새로운 강의를 기획하고 공부할 생각에 가슴이 뜁니다. 해야 할 일들을 모두 마치니 머릿속이 맑고 앞으로 집중할 일만 선명합니다.

바로 지금이, 말을 잘하기에 좋은 타이밍입니다.

중요한 발언의 순간에 기타 잡다한 생각들이 떠오를 때면 반대로 이러한 상태로 빠르게 스위치 오프(Switch Off)를 합니다. 순간에 온전히 집중하고 몰입하는 것. 이를 위한 훈련의 과정에 늘 자리합니다.

정말 중요한 자리를 앞두고 있다면, 머릿속을 어지럽히는 일들을 나열한 뒤 작은 일부터 하나하나 해결해보시는 것은 어떨까요? 몰입도 높은 메타인지 대화를 수월하게 이끌어가는 데 도움이 되실 거예요. 한 걸음 한 걸음 열심히 노력하는 당신을 언제나 응원합니다.

2장
___

메타인지
대화법은 말이지요

1

metacognitive
communication

3인칭 관찰자 말하기 시점

영화 〈박하사탕〉 마지막 장면의 대사는 오래도록 관객의 마음을 흔들었다.

"나 다시 돌아갈래!"

과거로 돌아가 나의 언행을 바꾸고 싶을 때가 있다. 어리석은 말과 행동을 깨달았을 때, 알고 보니 오해로 인한 실수임을 알게 되었을 때 등이다. 그러나 이미 내 곁을 떠난 말을 주워 담을 수는 없다. 하지 말았어야 할 말은 서로의 가슴속에 상처로 남는다.

⬤ 나는 왜 너의 생각이 보이지 않는 걸까?

대학 전공 수업 때 프로듀서 역할을 해본 적이 있다. 처음으로 캠

코더를 잡아보면서, 렌즈 건너편에 서 있을 때는 몰랐던 새로운 사실들을 발견할 수 있었다. 먼저, 카메라의 '각도'와 찍는 사람의 '눈높이'에 따라 같은 공간도 전혀 다른 모습으로 담길 수 있다는 점이 놀라웠다. 구석에 쭈그리고 앉아 천장을 바라보고 촬영할 때와, 의자를 밟고 입구에 서서 공간 전체를 내려다보며 찍은 화면은 아예 다른 장소처럼 보였다. 이번에는 카메라를 45도로 기울여 피사체를 담아보았다. 그야말로 삐딱한 세상이었다.

● 같은 '눈'으로 동일한 풍경을 보더라도 모두의 '시선'은 다르다

얼마 전 국립과학관에서 깊은 연못을 의미하는 '심연'이라는 전시를 보았다. 전시장의 첫인상은 인체 해부학과 기계의 움직임을 다룬 지극히 과학적인 공간이었다. 그런데 찬찬히 둘러보니 '본다'는 것이 무엇인지를 사유해볼 수 있는 철학적인 전시였다. 특히, 같은 '눈'을 가진 사람들이 동일한 풍경을 보더라도, 모두가 다른 '시선'으로 바라보고 있다는 메시지가 인상 깊었다.

같은 눈이지만 왜 다르게 보죠? 눈은 빛을 받아들이고 상을 맺는 기능을 합니다. 그리고 뇌는 시각 정보를 처리합니다. 우리 모두 같은 눈을 지녔고 동일한 방식으로 처리합니다. 그렇지만 응시하는 곳은 다릅니다. 느끼는 바도 다릅니다. 보는 것에 따라 우리의 마음이 동요되는 정도도 다릅니다. 눈으로 보는 걸까요? 뇌로 보는 걸까요? 왠지 눈으로만 보는 건 아닌 것 같습니다. 보지 않아도 눈을 감아도 이미지를 만들 수 있으니까요. '눈' 속으로 들어가 '마음'이 되어보세요. 눈의 '기능'과 당신의 '시선'을 느껴보세요.

같은 시간, 같은 공간에 있었더라도 각자 무엇을 '생각'하며 '응시'했느냐에 따라 느끼는 바는 달라진다. 같은 사건도 누가 어떠한 '시선'으로 바라보았느냐에 따라 기억되는 내용이 다르다.

말을 잘하기 위해, 말실수를 하지 않기 위해 반드시 전제되어야 할 조건은, 상대방이 나와 '다르다'는 사실을 인정하는 것이다. 일단 이것이 가능해지면, 나만의 관점과 생각에 빠져 생겨나는 안타까운 실수들을 피할 수 있다.

🔘 오래 보아야 사랑스럽다. 너도 그렇다

나와 응시하는 것도 생각하는 것도 다른 이와 대화를 잘 나누려면 어떤 노력을 해야 할까? 상대방의 말과 행동을 '관찰'하는 시간이 필요하다. 나태주 시인은 시 〈풀꽃〉에서 "자세히 보아야 예쁘다. 오래 보아야 사랑스럽다. 너도 그렇다"라고 말했다.

상대방을 가만히 '관찰'한다는 것은 엄청난 시간과 에너지가 소요되는 일이다. 눈에 보이고 머릿속에 떠오르는 수많은 자극들을 배제하고 온전히 단 하나의 피사체에만 집중한다는 것. 이는 사랑에 빠지는 것과도 같은 순간이다. 따라서 무언가를 관찰하기 위해서는 '애정'이 필요하다.

2장 | 메타인지 대화법은 말이지요   55

　누군가와 대화를 나누면서 편견 없이 그를 유심히 '관찰'해보자. 같은 시간도 더욱 값지게 보낼 수 있을 것이다. 무엇보다 놓칠 뻔했던 많은 메시지를 얻을 수 있다.

　일단 상대방의 말과 표정, 몸짓 등에 세심하게 관심을 가짐으로써 그의 '감정'을 보다 잘 파악할 수 있다. 작은 변화도 알아챌 수 있으니 앞에 있는 사람의 기분이 상한 줄도 모르고 계속 상처 되는 말을 늘어놓는 실수를 피할 수 있다. 상대방에게 집중하니 자연히 말을 끊지 않고 경청하게 되며, 내가 말하는 중에 그가 하고 싶은 말이 생각났는지도 알아챌 수 있다. 상대방이 이야기를 듣다가 갑자기 뭔가가 생각난 듯 동공이 커진다거나, 순간적으로 어떤 말을 하려고 입술을 실룩거리면 얼른 멈추고 배려의 말을 건네기도 한다.

　"아, 혹시 하실 말씀 있으세요?"

　시선의 렌즈를 상대방에게 집중하면 그는 보다 편안한 마음으로 대화에 임할 수 있다. 이때 경청하며 그가 이 사안에 대해 어떻게 생각하는지, 긍정적인지 부정적인지, 추가 의견은 없는지 등을 귀 기울여 들어보자.

　상대방의 이야기에 집중하면 그에게 지금 가장 필요한 것이 무엇인지 알게 될 수도 있다. 그것은 함께 기뻐하거나 슬퍼해주기를 바라는 공감일 수도 있고, 물질적인 것 혹은 문제 해결을 위한 도움의 손길일 수도 있다. 상황에 맞추어 말이나 행동 등 내가 할 수 있는 실질적인 도움을 먼저 건네보자. 상대방은 '이 사람 말도 잘하고 참

센스 있네' 하고 느끼게 될 것이다. 애정을 가지고 관찰하며 풀꽃의 아름다움을 발견하는 능력은, 궁극적으로 듣는 솜씨와 말솜씨를 함께 높여준다.

🌑 상대방에 '집중'하면 소중한 인연을 놓치지 않는다

대화 상대방에게 렌즈를 고정하는 습관은 소중한 인연을 맺는 데도 도움을 준다. 살아가면서 우리는 인생을 바꿀 만큼 고마운 사람을 두고 '귀인'이라 말한다. 누구나 귀인을 만나고 싶어 하지만, 귀인은 그리 호락호락하지 않다. 무엇보다 가만히 있는 내게 다가와서 "내가 바로 당신의 귀인이오. 안녕하셨소?" 하지 않는다.

말도 안 되는 우연으로 고마운 인연을 만났다는 사람들의 이야기를 들어보면, 그 과정에는 당사자의 땀과 눈물이 배어 있다. 이 노력을 '말하기'로 치환해보자면, 귀인을 만난 동안 상대방에게 치열하게 집중함으로써 내가 '말'을 할 타이밍과 경청하며 '듣는' 타이밍을 현명하게 판단했다는 것을 의미한다. 짧은 대화의 매너를 통해 귀인들은 상대방을 배려하는 자세와 이 사람의 생각, 태도, 열정을 빠르게 판단하기 때문이다.

아무리 훌륭한 귀인이 코앞에 있더라도 내 안의 렌즈가 자꾸 이리저리 다른 곳을 바라보고 심지어 무념무상으로 화면까지 꺼버린다면, 그는 먼저 왔다가도 지체 없이 자리를 떠날 것이다.

수많은 기회는 예고 없이 찾아온다. 평소 지금 내가 발 딛고 있는 순간에 렌즈를 집중하는 습관을 들여보자. 소중한 인연을 놓치지 않을 뿐만 아니라, 나를 둘러싼 수많은 메시지에 매일이 설렘으로 다가올 것이다.

● 3인칭 관찰자 말하기 시점

소설 작가, 연극의 감독은 극 속에 개입하지 않는다.

특히 '관찰자' 시점의 경우 작가는 등장인물을 멀리서 바라보며 덤덤히 서술할 뿐이다. 다만, 독자들을 위하여 상황을 자세히 묘사한다. 등장인물의 움직임, 주위 환경의 변화 등을 면밀히 전해줌으로써 유추하고 판단할 수 있는 근거를 충분히 전달하는 것이다.

물론, 작가나 감독의 마음으로 아무리 눈을 크게 뜨고 상황을 관찰한들 언제나 상대방의 마음을 100% 읽어내며 후회 없는 결과만 만들어낼 수는 없다. 그러나 내가 이 시간의 만남을 통해 목표하는 결과를 최상으로 이끌고 싶다면, 최선을 다해 상대방과 상황 전체를 바라보는 3인칭 관찰자 말하기를 할 필요가 있다.

생각이 떠오르는 대로 곧장 입 밖으로 꺼내기에 앞서 과연 내가 지금 이 말을 하는 것이 적합한지, 혹시라도 불필요한 언행을 하는 것은 아닌지 작가의 시선으로 먼저 살펴보자. 객관적으로 관찰하는 과정을 통해 경솔한 실수를 줄이고 서로에게 가장 이로운 만남을 만들어갈 수 있을 것이다.

늘 입에 달고 사는 것이 '말'인데 어떻게 모든 말을 관찰자의 시선으로 바라보고 검열하느냐는 생각이 들 수도 있다. 그러나 평생 친구도 아무런 생각 없이 내뱉은 한마디에 틀어진다. 반대로 첫 만남에서 건넨 결정적인 한마디로 평생의 인연이 되기도 한다.

내가 어떻게 사용하느냐에 따라 검이 되기도, 금이 되기도 하는 이 '말'을 기왕이면 나와 상대방 모두에게 이롭게 쓰는 것이 좋지 않겠는가. 갈림길에서 가장 긍정적인 방향으로 이끌어주는 그 한마디를 위해 내가 처한 상황을 철저히 작가, 감독의 눈으로 멀리서 관조해보자.

　　　그가 말했다. "(　　　　　　　)"

내가 작가라면, 감독이라면 성공적인 결말을 이끌기 위해 주인공에게 어떤 대사를 주겠는가?

수시로 '나'에서 빠져나와 상대방과 상황 전체를 바라보며 최상의 시나리오를 찾아가는 것.

지금 이 순간부터 3인칭 관찰자 말하기를 시작해보자.

HOW TO　발표할 때 '청중'의 시점으로 말을 해보세요

인기 강사의 특징은, 강의 내내 '청중'의 언어로 말을 한다는 것입니다.

"이거 괜찮아요?" "어때요. 잘 따라오고 계세요?" "지금 딱 보니까, '이렇게 쉬운 테스트를 한다고?' 이렇게 생각하시는 것 같아요. 그렇죠? 저기 우리 파란 옷 입은 분 너무 크게 웃으시네요. 맞나 봐

요." "자 이 PPT가 딱 뜨는 순간! 다들 표정이 말이죠. '엥. 이거 외계어 아니야?'이런 표정인데요. 자, 놀라지 마세요. 제가 아주 쉽게 설명해드릴게요." "우리 엄마들 보통 아이들 만나면 뭐라고 합니까. 먼저? (청중의 이야기를 듣는다.) 네, 맞아요. 손 씻고 공부해! 그러죠? 다들 일심동체네!"(청중 박장대소)

이렇게 '청중'이 지금 발표자의 이야기를 들으면서 생각할 법한 이야기를 많이 들려줍니다. 나의 시점이 아니라 계속해서 상대방의 입장이 되어 말하는 것이죠.

반대로, 지루하고 집중이 어려운 발표를 살펴보면 강사가 '본인'의 시점에서만 말하고 있는 경우가 많습니다.

"자, 1번. 2번. 3번. 다음과 같습니다. (쭉 설명). 이제 다음 장, 실행 방법을 살펴보겠습니다. (쭉 설명)."

이러한 발표의 특징은 강사가 청중에게 중간중간 말을 거의 건네지 않는다는 것입니다. 맨 마지막 Q&A 시간이 되어서야 "질문 있으신 분?" 합니다. 이럴 때 "저요!" 하고 손을 들기란 쉽지 않습니다. 발표 내내 소통을 하지 않아 어색하기도 하고, 강사가 줄줄이 설명한 내용이 깊이 와닿지 않을 가능성도 높기 때문입니다.

몰입도 높고 생동감 있는 발표를 하고자 한다면, 의도적으로 적어도 세 가지 질문을 건네보세요. 발표는 '소통'이기 때문입니다. 청중과 소통할수록 발표는 더욱 활기를 띠게 됩니다.

① 중간중간 이해가 잘 되고 있는지 점검하는 질문을 건네면 배려

받는 느낌을 줄 수 있습니다.

예) 어떠세요. 여기까지 어렵지 않으셨어요? (청중 반응)

와, 오늘 정말 똑똑한 분들만 오신 것 같아요.

or 캬, 역시 제가 설명을 너무 잘하죠?

② 청중의 사례를 질문하면서 편안하게 답변을 유도하면 강의 자체의 콘텐츠도 풍성해집니다.

예) 아마 여러분도 비슷한 경험이 있을 텐데요. 한두 분만 혹시 편안하게 말씀 주시겠어요?

* 특히 비대면 강의의 경우 자주 질문을 건네면서 채팅창 참여를 유도하면 대면 강의 못지않은 활기를 줄 수 있습니다.

③ 핵심 단어가 등장할 경우 이를 빈칸으로 만들어 퀴즈를 내면 흥미와 몰입도를 함께 높일 수 있습니다.

예) 자, 이 네모칸 안의 정답은 무엇일까요? 제일 중요한 것은 '삐리리'이다! 정답을 아시는 분은 손 들어주세요!

* 퀴즈를 내면 참여도가 높아집니다. 과자와 같은 작은 선물을 준비하는 것도 좋습니다.

2

말하는 나를 바라보는
모니터링 효과

생애 첫 방송 MC를 맡은 날. 새벽 일찍 일어나 아침 방송을 마친 뒤 가장 먼저 달려간 곳은 편집실이었다. 방송 모니터링을 하기 위해서였다. 조금 있으면 홈페이지에 다시보기 영상으로 올라올 예정이었지만 첫 진행이었던 만큼 진득하게 기다릴 여유가 없었다. 영상을 업로드하는 담당자분을 발견하자마자 조용히 뒤에 서서 모니터링을 시작했다. 그러던 중 생각지도 못한 나의 모습을 발견했다.

패널의 이야기를 듣고 있는 내내 고개를 위아래로 쉴 새 없이 끄덕이고 있었던 것이다. 마치 타코야키 음식점에서 한쪽 팔을 들고 쉬지 않고 움직이며 인사하는 고양이 모형 같았다. "아~", "네에", "우와", "예예" 등의 추임새는 또 어찌나 많던지 출연자의 이야기보다 나의 리액션이 더 부각되는 것 같아 얼굴이 빨개졌다. 무엇이 문제였을까? 고민해보니 카메라 렌즈에 잡히는 순간에도, 일상생활에서와 너무도 똑같은 움직임을 하고 있었다.

● 사람의 눈과 카메라 렌즈의 차이

우리 눈이 바라보는 풍경을 카메라가 모두 담아낼 수는 없다. 렌즈를 들고 아무리 열심히 360도 파노라마를 찍어도 광활한 공간 중 '일부'만 촬영되기 때문이다. 따라서 같은 피사체를 향하더라도, 초특급 고성능 렌즈인 우리의 눈으로 볼 때와 카메라 영상을 통해 바라볼 때 그 모습과 움직임의 정도가 다를 수밖에 없다.

똑같이 10을 움직이더라도 네모난 스크린을 통해 볼 때는 전체 공간이 한정되기 때문에 10도 100만큼 과하게 느껴질 수 있는 것이다. 마치 넓은 풀숲에서는 개미가 아무리 움직여도 잘 보이지 않지만 실험을 위해 페트리 접시(한정된 공간)에 옮긴 뒤 바라보면 더듬이와 다리의 작은 움직임까지도 크게 잘 보이는 원리와 같다.

뉴스를 진행하는 아나운서가 단정한 액세서리와 단아한 옷차림을 하는 이유는, 달랑거리는 귀걸이를 착용하거나 반짝거리는 장신구가 달린 의상을 입으면 시청자들이 말의 내용보다 기타 움직임에 시선을 빼앗길 수 있기 때문이다. 아나운서가 방송을 할 때 작은 움직임에 신경을 써야 하는 이유 또한, 한정된 스크린 공간 안에서 시청자를 만나기 때문이다.

　모니터링 과정을 통해 충격받은 나는, 다음 날 방송을 할 때는 내 내 의식하며 리액션의 움직임을 줄이고자 노력했다. 평소 사람들의 이야기를 들을 때 고개를 자주 끄덕이고 박수와 추임새를 많이 넣는 편이라, 움직임을 최소화하며 패널을 바라보자니 힘이 들었다. 그래도 어제의 모니터링 결과를 떠올리며 꾹 참았다. 열 번 끄덕이고 싶은 마음을 누르고, 열한 번째 끄덕였다. 상대방이 한마디 할 때마다 "그렇군요!", "아, 네!" 하고 싶은 입을 닫고, 대신 눈으로 공감하며 경청의 마음을 표현했다.

　'오늘은 어떤 모습일까?'

　딱딱하고 차가운 진행자처럼 보이지는 않을까 걱정되었다. 방송이 끝나자마자 달려간 편집실. 순간 놀라운 모습을 발견했다! 그동안 내가 동경해온 베테랑 아나운서의 차분함이 느껴졌던 것이다.

　'아! 절제가 필요했던 거구나.'

　결과적으로, 모니터링 과정을 통해 불필요한 것을 덜어내는 절제의 중요성을 배웠다. 만일 모니터링을 통해 나를 바라보지 않았다면 어떤 진행을 해왔을지 아찔하다. 내 모습이 어떻게 보이는 줄도 모르며 갈수록 더 과한 리액션을 했을지도 모를 일이다. 10년 넘게 방송이 있을 때마다 모니터링을 하고 나니 이제는 비단 카메라로 촬영하지 않더라도, 지금 내 모습이 상대방에게 어떻게 비추어지고 있을지 대략 그려진다. 상대방과 대화를 하면서도 지금 말하는 내 모습이 어떤 식으로 보이고 있을지, 방금 건넨 나의 언행이 전체 분위기에 어떤 영향을 주고 있는지 방송 모니터링을 하듯 동시에 지켜보는 습관이 만들어졌다.

◑ 모니터링은 효과 만점 솔루션

채널A의 〈요즘 육아 금쪽같은 내 새끼〉 방송에서 오은영 박사가 본격적인 조언을 해주기 전에 반드시 거치는 과정이 있다. 가족의 일상을 촬영한 영상을 부모와 함께 보는 것이다. 영상을 살펴본 뒤에는, 화면을 본 느낌이 어땠는지 부모에게 물어본다. 그러면 대부분 이렇게 말한다.

"아… 제가 저렇게 말하는지 몰랐어요."

오랜 시간을 함께 살아왔어도 아이와 지내는 모습을 제3자가 되어 바라볼 기회가 없었기에, 대부분 처음 보는 자신의 모습에 놀란다. 더불어 나의 모습을 모니터링함으로써, 그동안 문제라고 여겨온 점의 원인을 객관적으로 파악하게 된다. 이러한 모니터링 과정은, 박사님이 처방해주는 솔루션의 참여율을 높여주는 역할도 한다. 문제 원인에 대하여 스스로 납득하도록 도움을 주었기 때문이다. 나의 모습을 화면으로 직접 보는 것은 발전 속도를 빠르게 높여주는 효과 만점 교수법이다.

◑ 말하는 나를 보지 못하면 상대방을 원망하게 된다

주어진 상황에서 내가 추구하는, 생산적인 방향으로 대화를 이끌어가기 위해서는 지금 내가 무슨 말을 하고 있는지, 어떤 표정과 말투로 상대방에게 영향을 주고 있는지 동시에 인지할 수 있어야 한다. 그래야 예기치 못한 상황 속에서도 '주체적으로' 말과 행동을 운용해나갈 수 있다. 이는 궁극적으로 긍정적인 인상을 주고, 대화의 주도권을 놓치지 않는 데도 도움을 준다.

대화 매너가 좋지 않아 점수가 깎이는 경우를 살펴보면 아무 생각 없이 '그냥' 말한 경우가 대부분이다. 이야기를 나누면서 눈을 마주치지 않는다거나 상대방의 말에 대꾸를 안 하는 경우, 본인 이야기는 신나게 하면서 상대방이 이야기를 시작하면 건성으로 듣는 경우 등인데, 정작 당사자는 본인이 방금 어떠한 모습을 보여주었는지 잘 모르는 경우가 많다. 이런 경우 만남의 결과가 좋지 않을 때에도 무조건 상대방 탓을 하기 쉽다.

● 스스로 나를 모니터링하는 방법

그렇다면 대화할 때 나의 모습은 어떻게 바라볼 수 있을까?

우리가 말을 할 때 유체이탈을 할 수는 없다. 늘 카메라로 찍으며 실시간 모니터링을 하는 것도 불가능하다. 무엇보다 그렇게까지 할 필요는 없다. 짧게 촬영하여 한두 번 보는 것만으로도 큰 도움이 되기 때문이다.

제일 좋은 방법은 휴대폰 영상으로 촬영하여 직접 한 번 보는 것이다. 가령, 가족들과 대화하는 모습을 찍어 내 모습을 관찰하는 것이다. 미처 알지 못했던 말하기 습관을 발견할 수 있다. 마음과 달리 퉁명스러운 말투와 구부정한 걸음걸이, 시종일관 한쪽으로 기울어진 고개를 보며 깜짝 놀랄 수도 있다.

촬영 협조를 구하는 것이 어렵다면 가까운 사람들에게 혹시 내가 말을 할 때 개선했으면 하는 습관은 없는지 물어보는 것도 도움이 된다. 이때 전제 조건은 나에게 무슨 말을 들려줘도 화를 내지 말아야 한다는 것이다. 먼저 요청했음에도 "음… 당신은 말이야. 말을 할 때 내 눈은 안 보고 휴대폰을 보는 경향이 있어" 하는 말에 "허, 참. 내가 언제! 당신은 뭐 안 그런 줄 알아? 나보다 더 하거든?"이라고 역정을 내면 다시 도돌이표가 되는지도 모른다.

🔘 대화를 복기하는 습관

더불어 지금 당장 실천해볼 수 있는 방법 중 하나는 상대방과의 대화를 '복기'해보는 것이다.

바둑, 장기 선수들은 경기가 끝나면 조용히 본인의 수를 반대로 두며 오늘의 경기 흐름을 분석하는 복기의 시간을 가진다. 거꾸로 올라가다 보면 어느 패에서부터 경기 흐름이 불리해졌는지를 냉철하게 판단할 수 있기 때문이다. 수업 후 복습과 오답 노트로 틀린 문제를 면밀히 분석하듯이, 말하기 또한 대화를 복기하며 그날의 흐름을 돌이켜보는 과정이 필요하다.

'복기'는 내가 도움을 많이 받았던 방법이다. 사회 초년생 때는 의도와는 다른 피드백을 받으며 억울할 때가 많았다. 나는 분명히 그렇게 말을 한 적이 없는데 생각지도 못했던 언행에 대해 지적을 받으면 황당했다. 답답했던 것은 내가 언제 그런 말과 행동을 했었는지 아무리 떠올려도 기억이 나지 않는다는 점이었다. 머릿속이 텅 비어 있는 느낌이었다.

속상할 때마다 걷고 또 걸었다. 그러나 이것은 당장 마음을 위로한다고 해결될 일이 아니었다. 같은 과정이 반복된다는 것은 분명 나에게도 문제가 있다는 것을 의미하기 때문이다. 해결책이 필요했다. 더 이상 이렇게 살지 않겠다는 강한 의지가 올라온 그날부터 누군가를 만나고 돌아오면 내가 오늘 어떤 대화를 나누었는지 치열하게 머릿속으로 '복기'하기 시작했다. 100% 정확하게 생각나지는 않았지만 계속 이야기를 돌이키고 떠올리다 보니, 서로의 감정이 어긋난 지점을 발견할 수 있었다.

🌑 대화 중 서로 어긋나는 시점을 발견하는 연습

'아! 맞아. 이때부터 나도 감정이 상하기 시작했어. 이 대화 전후에 무슨 말을 주고받았지?'

문제가 된 지점에는 대개 나의 이기적인 마음이 들어가 있었다. 굳이 하지 않아도 될 말이었는데 자랑하고 싶고 입이 간지러워 내뱉은 불필요한 말도 있었다. 더불어 내 감정을 급격히 상하게 한 상대방의 말도 발견할 수 있었는데, 그럴 때는 그 문장을 놓고 계속 생각해보았다.

'저 사람은 나한테 왜 이런 말을 했을까?'

자신의 강함을 드러내고 싶은 마음, 적어도 나에게만큼은 지고 싶지 않은 마음, 누군가에게 털어놓고 싶었던 응어리진 마음 등이 담겨 있었다.

상대방의 말을 아무리 들여다봐도 그 자체에는 문제가 없는 경우도 있었다. 그럴 때 원인은 나에게 있었다. 색안경과 편견으로 내가 말을 왜곡하여 받아들인 것이다. 이렇게 나의 감정이 흐트러진 원인들을 명확하게 분석하자 안개 같던 상황이 점차 뚜렷해지기 시작했다.

◐ 복기 연습을 꾸준히 하면 실시간 모니터링을 할 수 있다

이러한 복기 과정을 매일 반복하다 보니 어느 순간부터는 이야기를 나누는 동시에 대화의 흐름을 살피고 있는 나를 발견할 수 있었다. 과거가 아닌 '현재 진행형' 모니터링이 가능해진 것이다. 자연히 말 한마디를 내뱉기에 앞서 신중해졌다.

어느 하루 정신을 집중하여 나의 말하기 순간에 집중해보자. 만남을 마무리한 뒤에는 오늘 상대방과 어떤 대화를 나누었는지 천천히 복기해보자. 처음에는 생각이 잘 안 날 수도 있다. 그러나 일기를 쓰듯이 이 과정을 반복하다 보면 전체적인 대화의 내용과 흐름이 자연스럽게 그려질 것이다. 이것이 습관화되면 짧은 한마디를 하기 전에도 상대방과 상황 전체를 먼저 고려해보는 나 자신을 발견하게 된다.

상대방의 마음을 얻고 대화의 주도권을 갖고 싶은가! 일단, 말하는 '나'를 놓치지 말자. 먼저 '나'를 볼 줄 알아야 말하기의 전체 흐름을 운용할 수 있다.

코칭을 진행하면서 단골로 교정해드렸던 말습관을 모아보았습니다. 면접이나 발표처럼 긴장되는 상황에서는 감추고 싶었던 습관들이 나도 모르는 사이 종합세트로 나올 수 있습니다. 평상시 인지하면서 준비해두면 언제 어디서든 당당한 스피치를 하는 데 도움이 되실 거예요.

❶ 문장을 끝까지 맺지 않는다

기업 강의에 가면 임원진으로부터 신입사원들이 '성숙한' 어투를 구사했으면 좋겠다는 요청 말씀을 듣습니다. 이를 바로 도와주는 방법 중 하나는 문장을 '끝까지' 정확하게 말하는 것입니다. 우리말은 대개 '~다', '~요'로 마무리됩니다. 그런데 평상시 대화할 때는 어미를 끝까지 맺지 않는 경우가 많습니다. "제가 말씀드렸는데…(요)" "아니, 그게 아니라 이런 건데…(요)" 이런 경우 자신감이 없어 보이거나 프로페셔널하지 못한 인상을 줄 수 있습니다. 업무 전화 통화를 할 때도 말을 분명하게 전달하지 않으면, 거래처로부터 일을 명확히 하지 않는다는 오해를 줄 수 있습니다. 평소 가족과 친구와 대화하는 시간에도 반드시 어미를 끝까지 마무리하는 습관을 의식하면서 연습해보기 바랍니다. "엄마 밥 좀 주세'요'." "이것 좀 도와주실 수 있겠습니'까'?" "오늘까지 마무리하겠습니'다'." "나는 오므라이스 먹을래'요'." 처음에는 조금 어색하더라도 반복하다 보면 금세 익숙해질 거예요. 더불어, 무표정으로 또박또박 말하면 조금 화가 났다는 인상을 줄 수도 있으니 잔잔한 '미소'도 함께해주세요!

❷ 음, 어, 아. 추임새가 많다

영어도 'Mmmm…', 'Uhhh…', 'Aaaaa…' 등이 많으면 듣다가 집중력이 흐려집니다. 우리말도 마찬가지입니다. 습관적으로 '어…', '아…', '음…' 하는 추임새를 넣는 경우가 있는데요. 본인은 알지 못하지만 듣는 사람은 반복해서 듣다 보면 힘이 들 수 있습니다. 무엇보다 추임새가 계속되면 정작 중요한 '내용'에 집중하기가 어려워집니다. 이러한 습관을 알아차리기 위해서는 주위 편한 사람에게 물어보거나 5분 정도 내가 하는 말을 녹음해보면 좋습니다. 대개 추임새를 넣는 이유는 말을 하면서 정리가 잘 되지 않거나 무슨 말을 해야 할지 생각이 잘 나지 않기 때문인데요. 이런 경우에는 차라리 잠시 침묵해도 괜찮습니다. 오히려 진중한 인상을 줄 수 있답니다. 어색함을 줄이기 위하여 '음…' 하는 습관을 조금씩 개선하면 훨씬 깔끔하고 프로페셔널한 스피치를 구사할 수 있습니다.

❸ 헐, 대박 등 무의식적으로 쓰는 비속어

사람마다 본인의 이야기를 강조하기 위해 습관적으로 자주 쓰는 말이 있습니다. 아무 뜻 없이 중간중간 욕설로 추임새를 넣는 분들도 있는데요. 긴장이 되거나 너무 편안한 상태가 되면 무의식적으로 평상시 언어습관이 나올 수 있습니다. 가끔 연예인들이 욕설을 말하는 입 모양이 유튜브에 올라오기도 하지요? 별 뜻 없이 '무심코' 내뱉은 경우가 대부분입니다. 또한 수시로 혓바닥을 내미는 습관도 무의식적으로 나오는데요. 지나칠 경우 호감이 반감될 수 있습니다. '친구끼리 있을 때인데 뭐 어때' 했던 습관들이 중요한 자리에서도 나올 수 있다는 점을 인지하며 하나씩 개선해보는 것을 권해드립니다.

❹ 자주 짓는 표정 점검

말을 할 때는 비언어적인 표정이 무척 중요합니다. 상대방은 나의 '얼굴'을 보고 이야기하기 때문입니다. 이상하게 나만 보면 표정이 어두운 사람. 알고 보면 내가 먼저 찡그린 모습으로 바라보았는지도 모릅니다. '거울 효과'처럼 상대방은 내 얼굴을 보고 무의식적으로 그 표정을 따라 하기 때문입니다. "오늘 뭐 안 좋은 일 있어?" 하는 말을 자주 들었다면 평소에 자주 짓는 표정을 지어본 뒤 거울을 한 번 살펴보세요. 나도 모르게 미간에 주름이 가 있거나 입꼬리가 아래로 내려와 있는 등 생각지도 못한 어두운 인상일지도 모릅니다. 표정을 미리 교정해야 하는 이유는, 면접이나 발표 중 열심히 미소 짓더라도 중간중간 나도 모르게 평소 자주 짓는 표정이 나올 수 있기 때문입니다. 기왕이면 밝고 긍정적인 인상이라면 좋겠지요? 웃으면 마음도 즐거워집니다. 거울을 보고 평상시 내 모습이었으면 하는 표정을 지어 자주 연습해보세요. 반복하다 보면 거울 없이도 나의 표정을 생생하게 떠올리며 상대방을 바라보게 될 겁니다.

메타인지 말하기란

말하기 솜씨를 향상시키기 위해서는 말하기의 '메타인지'를 높이는 것이 중요하다. 미국 컬럼비아대학교 바너드칼리지 심리학과 리사 손 교수는 저서《메타인지 학습법》에서 현재 나의 인지 상태를 모니터링하는 능력을 메타인지라고 설명한다. 즉, 메타인지는 내가 얼마만큼 알고 있는지, 얼마만큼 할 수 있는지 자신의 현재 능력을 정확하게 파악하는 능력을 말한다.

말을 잘하기 위해서는 상대방과 대화를 나누면서 내가 지금 맥락에 맞는 이야기를 하고 있는지, 대화의 흐름에서 벗어나고 있지는 않은지 직관적으로 판단할 수 있어야 한다. 스스로 나의 말솜씨를 인지해야 부족한 부분을 명확히 알고 개선해나갈 수 있기 때문이다.

학창 시절 내신 성적이 좋은 편이었다. 열다섯 과목 중 한 개를 틀려 전교 1등을 한 적도 있었다. 그러나 머리가 좋은 편은 아니었다. 한자 시험을 100점 맞아도 다음 날이 되면 머릿속의 지우개로 뇌가 깨끗해졌다. 본질을 파고드는 사고력이 약하다 보니 새로운 개념을 이해하는 데도 시간이 오래 걸렸다. 수능 언어영역 문제집의 경우 한 회를 완전히 이해하면서 푸는 데 일주일이 걸리기도 했다.

그런데 어떻게 내신 성적은 좋았을까? 내가 어느 부분에서 얼마큼 부족한지는 잘 알았던 것 같다. 스스로 이해력이 낮다고 판단한 나는 과목당 문제집을 서너 권씩 구매해서 풀었다. 기술, 실기, 가정, 체육과 같은 예체능 과목까지도 적어도 세 군데 출판사의 참고서를 구비해두었다. 총 열다섯 과목이니, 학기당 쌓여 있는 참고서는 대략 50권쯤 되었다. 목적은 한 가지였다. 내가 공부한 것을 얼마나 이해했는지 정확히 파악하기 위함이었다.

다양한 종류의 문제를 푼다는 것은 같은 주제로 '반복'적인 연습을 한다는 것을 의미한다. 실제로 여러 권의 문제집을 풀다 보면 내가 어떤 개념을 잘 모르고 있는지 발견할 수 있었다. 어설프게 알면, A 출판사 문제에서는 운 좋게 맞더라도 B 출판사 문제에서는 아리송해지기 마련이었다.

학원에서 한 학기 선행 학습으로 수학을 배울 때도 마찬가지였다. 피타고라스의 정의를 배우고 선생님께서 나누어주신 시험지를 푼 날이었다. 친구들은 한 번에 이해한 듯 거침없이 문제를 풀어나갔다. 그러나 언제나처럼 나는 따로 더 개념 공부를 해야 했다. 이해가 완전히 안 되었기 때문이다. 그럴 때면 자습 시간에 선생님을 찾아가 같은 단원의 다른 시험지를 한 장 더 받아왔다. 선생님께서는 한 단원당 적어도 세 가지 버전의 시험지를 가지고 계셨기 때문에 흔쾌히 복사해주시곤 했다. 이런 식으로 완벽하게 이해가 될 때까지 새로운 시험지를 계속 받아와서 풀었다. 반복적인 문제 풀이는 부족한 개념을 완전히 알아가는 데 도움이 되었다.

코칭 효과를 잘 보는 학생의 특징

스피치 코칭을 할 때 유난히 실력이 눈에 띄게 느는 학생들이 있다. 공통점은 두 가지다.

① 스피치의 어떤 부분이 부족한지를 '알고' 있다.
② 해당 부분이 부족하다는 사실을 '인정'한다.

먼저, 1번의 경우 스피치 능력 향상을 위한 가장 기본 조건이다. 일단 방금 내가 한 말에서 어떤 점이 부족했는지를 '알아야' 해당 부분을 교정해나갈 수 있기 때문이다.

코칭을 진행하면서 가장 어려운 경우는 교정했으면 하는 부분을 말씀드렸을 때 "엥? 제가 그렇게 말했다고요? 아닐 텐데요" 하고 인정하지 '않는' 경우다. 이런 경우 휴대폰으로 목소리를 녹음한 뒤 직접 들어보도록 안내한다. 그러면 비로소 "아! 제가 정말 이렇게 말했네요" 하고 인정하며 적극적인 자세로 고쳐나간다. 더 나아가 "어! 이번에도 제가 이렇게 말한 것 같아요!" 하며 스스로 부족한 점을 알아차린다. 이 단계만 되어도 절반 이상은 실력이 향상된 것과 같다.

리사 손 교수 또한 그녀의 저서에서 무언가를 모를 수 있다는 사실을 인지하고 인정해야 모니터링과 컨트롤 능력을 키울 수 있다고 말한다. 더불어 무언가를 모를 수 있다는 사실조차 인지하지 못한다면 모니터링과 컨트롤 능력을 제대로 키울 수 없다고 힘주어 말한다.

살면서 만난 성공하는 사람들은 신기하게도 모두가 매사 '배우는' 자세로 임하고 있었다. 이것이 가능한 이유는 언제든 본인이 모를 수도 있다는 사실을 '인정'하는 덕분일 것이다. 스피치 코칭을 할 때도 본인의 부족함을 받아들이고 무엇이든 적극적으로 배우는 학생은 한 회가 지날 때마다 다른 사람으로 성장해 있다. 그야말로 일취월장, 청출어람의 모습을 보여준다.

🔵 메타인지 말하기의 중요성

《탈무드》에는 "자기를 아는 것이 가장 큰 지혜"라는 구절이 나온다. 말을 잘하기 위한 필수 요소 또한 내가 방금 '무슨 말을 했는지' 부터 잘 아는 것이다. 나아가 내가 소리 낸 말이 상대방에게 잘 전달되고 있는지, 방금 던진 한마디에 현장 분위기 흐름이 어떻게 변화하고 있는지 순간순간 잘 파악할 수 있어야 한다. 정확한 인지가 이루어져야, 순간에 맞는 애드리브도 나올 수 있다.

인기 강사들을 보면 이 능력이 매우 뛰어나다. 인지심리학자 김

경일 교수의 강연을 보면 강의 내내 청중의 마음을 헤아려주는 것을 볼 수 있다. 중간중간 "여러분, 지금 저 의심하고 있죠?", "저를 경계하지 마세요" 하며 관객의 표정과 반응을 토대로 소통을 이끌어 나간다. 강의를 하는 동시에 전체적인 현장 분위기를 파악하는 것이다. 김미경 강사 또한 강연 내내 사람들의 눈을 보며 "지금 무슨 말도 안 되는 이야기를 하는 거야. 이러고 있죠. 내가 다 알아요" 하며 청중의 마음을 기막히게 알아차린다. 이때 사람들의 표정이 아리송하면 "오케이, 내가 쉬운 예를 하나 더 들어줄게요" 하며 이해를 돕는 보충 설명을 해준다. 현재 본인의 말하기뿐만 아니라 동시에 상대방과 상황 전체를 바라보는 메타인지 능력이 잘 발달된 사람은 청중의 마음을 사로잡는 대화를 끌어갈 수 있다.

반면 내가 말하는 것이 상대방에게 잘 받아들여지고 있는지, 전체적인 분위기 흐름이 어떻게 흘러가고 있는지에 '관심'조차 보이지 않는 강사도 있다. 메타인지가 발휘되지 않는 말하기는 일방적이다. 주어진 시간 본인이 준비한 내용을 '전달'하기에 바쁘기 때문이다. 이렇게 되면 콘텐츠는 훌륭할 수 있으나 사람들은 '소통'하는 느낌을 받기 어렵다. 때에 따라서는 전달 내용의 난이도, 청중의 이해도에 따라 준비한 내용의 절반 이상을 날려버리더라도 맡은 부분을 확실하게 전달하는 편이 낫다.

강의의 궁극적인 목적은, '내'가 준비한 수업자료를 빠짐없이 '전달'하는 게 아니라, 소중한 '청중'들이 단 한 가지만이라도 온전히 이해하여 완벽하게 얻어갈 수 있도록 실질적인 '도움'을 주는 것이기 때문이다.

그렇다면, 우리는 어떻게 말하기의 메타인지를 높여 상대방과 대화의 상황 전체를 아우를 수 있을까? 앞서 예를 들어 설명했던 인기 강사들은 청중이 눈앞에 보이지 않는 비대면 강의에서조차 사람의 마음을 읽으며 수업을 이끌어나간다. 어떻게 가능한 걸까? 신(神)이 아닌데 말이다.

원래 타고난 실력도 있겠지만 확실한 것은, 그들이 '수많은' 강연을 해왔다는 사실이다. 사람들 앞에서 말하는 '경험'을 많이 쌓아온 것이 유연한 대화를 이끌어가는 비결 중 하나인 것이다. 실전 경험이 말하기의 메타인지를 높여주는 이유 중 하나는, 이야기 하는 내내 '듣는 사람'의 입장에서 생각해보도록 도움을 주기 때문이다.

스피치 경험과 함께 말하기의 실력을 높여주는 비법은, 발표나 강연을 할 때마다 '피드백' 의견을 듣는 것이다. 때로는 '재미없다, 강사가 혼자서만 신났다, 내용이 어렵다, 예시가 많아 지루했다' 등 좋지 않은 이야기를 들을 수도 있다. 그러나 이보다 실력을 높여주는 자료도 없다. 청중이 전해주는 모니터링 결과를 통해 나의 말하기를 돌아보면, 나중에는 이런 종류의 말을 할 때 청중들이 어떤 식으로 받아들일지 예상해볼 수 있다.

가령 이전에는 사람들이 싫어하는 농담을 남의 속도 모르고 낄낄거리며 했다면 이제는 때와 장소에 따라 진중하게 가려서 말하게 된다. 이전에는 나의 훌륭한 수업을 조금이라도 더 전해드리기 위해 쉬는 시간을 줄여가며 강의했다면, 이제는 휴식 시간만큼은 칼같이 지켜 사람들의 복지와 행복을 지켜주게 된다. 이전에는 컴퓨터가 멈출 때마다 동공 지진으로 당황하는 모습을 보여주었다면, 이제는 큰일이 아니라는 것을 알고 침착하게 문제 해결에 집중하며 유연하게 대처해나갈 수 있게 된다.

이렇게 다양한 발표 경험을 쌓아가다 보면 보통 이런 말을 할 때 사람들의 반응이 어떠했다는 데이터가 차곡차곡 축적된다. 이를 토대로 청중이 눈앞에 보이지 않는 비대면 자리에서도 마치 생생히 마주하는 것처럼 소통하며 발표를 해나갈 수 있다.

즉, 메타인지 대화법의 비결은 여러 문제집을 반복적으로 풀며 개념을 완벽히 알아가듯이, 수많은 말하기 상황에 부딪히면서 '경험'을 쌓아가는 것이다. 여러 사람들과 이야기를 나눌 때마다, 눈 질끈 감고 발표를 도전할 때마다 내 안의 메타인지가 높아지고 있다는 것을 기억하자. 직접 시행착오를 겪어봐야 다양한 대화의 흐름 속에서 나타나는 청자의 반응을 예측할 수 있고 나의 말 한마디에 변화하는 물결의 흐름을 그려볼 수도 있다.

🔵 새내기에게 들려준 아나운서 선배의 Tip, 주도권을 가져라!

"선배님, 아나운서가 되려면 무슨 준비를 해야 하나요?"

대학교 새내기 때 현직 아나운서 선배에게 밑도 끝도 없는 질문을 한 적이 있었다. 광범위한 질문에 황당할 법도 했을 텐데 선배는 친절하게 여러 이야기를 들려주었다. 그중 당시에는 어렵게 느껴진 조언 말씀이 있었는데 바로, 어떤 상황에서든 대화의 '주도권'을 갖는 연습을 하라는 것이었다.

화면에 잘 나오는 외모 비결도 아니고, 목소리를 꾀꼬리처럼 가꾸는 비법도 아닌, 대화의 주도권을 가져야 한다니 이 무슨 뜬구름 잡는 소리인가! 당시에는 선배가 별 뜻 없이 해준 말이라는 생각도 들었다. 그러나 지금 와서 생각해보면 무척 통찰력 있는 조언이었다. 두 사람이 모여 있든 스무 명이 모여 있든 그 사이에서 주도권을 잡고 발언을 이끌어간다는 것은 대단히 복합적인 자질을 필요로 하기 때문이다. 치열한 대화의 장에서 주도권을 놓치지 않기 위해 노력하다 보면 스피치 능력은 자연히 늘어날 수밖에 없다.

대화의 주도권을 갖기 위해서는 단순히 말만 잘 해서는 안 된다. 일단, 적당한 나의 발언 '타이밍'을 잘 판단할 수 있어야 하는데 이를 위해서는 구성원과 전체 상황 속 분위기를 면밀히 관찰해야 한다. 때로는 어쭙잖은 한마디 말보다 '침묵'이 주도권을 끌고 가는 데 유리할 수도 있다. 무조건 말을 많이 한다고 해서 영향력이 있는 것은 아니기 때문이다. 또한 내게 발언 기회가 왔을 때는 부끄러워하며 숨지 말고 정확히 나의 생각과 의견을 말하는 연습을 해나가는 것이 좋다. 현장의 분위기를 잘 인지했다면 그와 어우러진 유머나 위트, 재미난 이야기를 말할 수 있게 되는데 얼마나 적합하고 사람들에게 유익을 주었느냐에 따라 한순간에 나를 각인시키는 기회가 될 수도 있다. 말하기의 메타인지가 깨어 있으면 이렇듯 매력적인 말하기를 하는 데도 도움이 된다.

당시에도 기발하고 유쾌한 말솜씨로 빛났던 선배는 현재 대한민국 국민이라면 누구나 아는 대스타가 되었다. 눈을 크게 뜨고 경청하다 기발한 위트로 좌중을 사로잡는 전현무 선배를 볼 때마다 생각한다.

'아! 주도권을 갖기 위해서는 저렇게 늘 깨어 있어야 하는구나.'

이론과 실전은 다르다

임신 중 배 속의 아기를 위해 최선을 다하고 싶은 것은 모든 엄마의 마음일 것이다. 나 또한 두꺼운 육아서 여러 권을 읽으며 아기를 키워갈 준비를 했다. 그러나 만삭이 되자 기대감과 함께 걱정이 밀려오기 시작했다. '내가 과연 잘할 수 있을까?' 준비만이 살길이라며 수유법과 수면 교육 등을 따로 공부했고 예상되는 신생아의 스케줄을 기록해두었다.

세상에 이론과 실전이 다른 분야는 참 많다. 그러나 '글로 배웠어요'와 가장 괴리감이 큰 분야 중 일등은 단연 '육아'다. 책에서는 아기가 서너 시간에 한 번 깨서 우유를 먹는다고 하였는데 어느 날은 통잠을 자서 중간에 깨워야 하나 말아야 하나 고민을 하게 했고, 방금 모유를 먹었는데 곧바로 입맛을 다시며 울 때는 시간 계산이 맞지 않아 또다시 발을 동동 굴러야 했다. 아기가 커피를 마신 것도 아닌데 밤늦도록 어쩜 이리 눈이 말똥말똥한지 잠들지 않는 아기를 안고 밤새 거실을 돌아다니기도 했다.

감히 말씀드리자면, '말하기' 또한 육아 못지않게 글로 배우는 것과 실전의 괴리가 큰 분야다. 아무리 스피치에 대한 책을 반복하여 읽더라도 내가 입 밖으로 소리 내어 '말'을 해보고, 사람들 앞에 서서 직접 '발표'해보지 않으면 실력이 향상되기 어렵기 때문이다. 집에서 백 번 소리 내어 연습하는 것보다 직접 현장에 가서 한 번 발표해보는 것이 나을 때도 있다.

책에서 읽은 대로 긴장을 풀어주기 위해 심호흡을 하고 긍정적인 상상을 하더라도 다리는 계속 덜덜 떨릴 수 있다. 무대에 올라 청중을 동물이나 덩어리라고 생각하며 마음을 편하게 먹어보려 해도, 변함없이 긴장감이 몰려올 수 있다. 내가 그랬다.

보고 브리핑 또한 보고서를 머리로 이해하는 것과 상사에게 일목요연하게 말로 전달하는 것은 또 다르다. 어떤 상사를 만나느냐에 따라 스피치 스타일, 강조할 내용 또한 달라진다. 자연스럽게 근황을 나누며 부드럽게 대화하는 것을 좋아하는 상사가 있고, 단도직입적으로 본론만 짧게 이야기하는 것을 선호하는 사람도 있기 때문이다. 이러한 경우 상대방의 대화 스타일을 주의 깊게 관찰하면 그의 말하고 듣는 성향을 파악하는 데 도움이 된다. 보고 브리핑 또한 상사를 직접 대면하며 적어도 몇 차례의 경험을 해봐야 어느 정도로 완벽하게 준비해서 가야 하는지, 예상 질문은 무엇일지 실전 감각을 키울 수 있다.

프레젠테이션도 마찬가지다. 작은 자리라도 직접 한 번 경험을 해봐야, 내가 자꾸 사람들에게 등을 돌리고 발표한다는 것, 노래를 부르듯이 마이크 끝을 하늘로 향하게 든다는 것, 모델처럼 서서 발표했다고 생각했는데 알고 보니 흔들흔들 움직이면서 말하고 있었다는 것 등을 알 수 있다. 실전이 중요한 이유다.

물론, 프레젠테이션의 경우 교정할 점들을 발견하려면 누군가 현장에서 내 모습을 보고 발표 후 따로 지적해주어야 가능하다. 발표 중에는 스스로 내 모습을 볼 수 없기 때문이다. 그러나 대부분은 현장에서 문제점을 보아도 말해주지 않는다. 괜히 서로 마음만 상할 수 있기 때문이다. 따라서 실력 향상을 위한 모니터링을 원한다면 발표 전에 누군가에게 내 모습을 촬영해달라고 부탁하는 것도 방법이 될 수 있다. 실전 녹화가 어렵다면 발표 전 리허설을 하면서 나의 모습을 셀프로 촬영하여 모니터링해볼 것을 권한다. 실전 스피치를 잘하기 위해서는 발표자료를 눈으로만 읽어보는 것보다는 '리허설'을 실제로 한 번 해보는 것이 발표의 완성도를 높이는 데 도움이 된다.

🔘 그냥 말하지 말라

송길영 저자의 베스트셀러 《그냥 하지 말라》는 말하기에도 적용된다. 반복 경험을 통해 메타인지를 효과적으로 높이기 위해서는 되도록 그냥 임하지 말아야 한다. 같은 발표를 하더라도 상사가 시켜서 억지로 하는 것과 시험을 보는 마음으로 매 순간 집중하며 임한 뒤 부족했던 점, 개선할 점을 따로 정리하며 연습하는 것은 시간이 흘렀을 때 큰 차이를 불러온다. 오늘의 스피치를 복기하고 그날의 잘한 점과 아쉬웠던 점을 분석해보자. 고된 애벌레, 번데기 과정을 지나 어느덧 나비처럼 자유롭게 날고 있을 것이다.

● '아휴, 귀찮아. 그냥 말 안 해도 되는 일 할래요.'

한때 이런 생각을 해본 적이 있다. '일을 안 하고 살면 신경 써서 말을 안 해도 되고 누군가에게 잘 보일 필요도 없으니 얼마나 편할까!' 하고 말이다. 물론, 그럴 수도 있겠다. 그러나 노력과 실패가 없는 만큼 성장의 기쁨 또한 찾기 어려울 것이다.

사회 초년생이라면, 이제 영업을 막 시작했다면 실수를 하며 메타인지를 높여갈 수 있는 절호의 기회다. 단 하나의 경험도 소홀히 대하지 말고 그날 스피치의 강점과 약점은 무엇이었는지 혼자 돌아보며 정리하는 시간을 가져보자. 오랜 경력자라고 해서 창피해하지 않아도 된다. 조금 실수해도 부하 직원이 웃지 않는다. 후배는 당신이 시킨 일을 하느라 바빠서 정신도 없다. 경력자에게는 그동안 쌓아온 경험을 바탕으로 노련함이 생겼기에 한 번의 경험을 하더라도 보완할 점을 보다 센스 있게 파악할 수 있다는 장점이 있다.

● 실수해도 괜찮아

더불어 말하기의 메타인지를 높이기 위해서는 실수를 두려워하지 않는 도전정신이 필수다. 이를 위해서는 실패하는 나 자신도 '있는 그대로' 사랑해주어야 한다.

대개 새로운 도전을 두려워하는 이유는 실패할까 봐, 이런 내 모습을 보고 사람들이 비웃거나 무시하지는 않을까 우려되기 때문이다. 그러나 사람들은 일단 나 이외 다른 이에게 크게 관심이 없으며, 도전을 실패하는 것은 가만히 있는 것보다 열 걸음은 더 나아가게 해준다는 점을 기억했으면 좋겠다.

눈이 많이 내리던 대학교 4학년 전공 수업 날. 교수님께서 들려주신 말씀이 오래도록 기억에 남는다. 항상 프로페셔널하고 멋진 모습인 교수님이셨는데 그날따라 어쩐지 힘이 없어 보였다. 수업 전 그녀는 우리를 바라보며 과녁 이야기를 들려주었다.

사실 나는 인생을 살면서 실패를 해본 기억이 거의 없는 것 같아. 항상 대부분 성공만 해왔거든. 그런데 그랬던 이유가 내가 뛰어나서가 아니라, 내가 잘할 수 있는 분야만 골라서 도전했기 때문인 것 같아. 작은 과녁은 피하고 10점을 맞추기 쉬운 커다란 과녁만 찾아 화살을 날렸던 거지. 그냥 오늘은 문득, 내가 작은 과녁을 도전하며 살았다면 어땠을까 하는 마음이 드네. 그냥 이런 말을 들려주고 싶었어.

당시 한창 구직 활동 중이었기에 교수님 말씀이 크게 와닿았다. 아나운서 시험에 많이 도전하다 보면 그만큼 낙방 횟수도 늘어날 텐데, 그러면 사람들이 나를 비웃고 놀리지 않을까, 괜히 여러 차례 도전했다가 실패 경험이 많아지면 나의 가치도 덩달아 낮아지는 것 아닐까, 의기소침해져 있었기 때문이다.

내가 확실히 잘 될 분야만 골라서 성공만을 외칠 것인가, 아직 부족하지만 가슴이 뛰는 길로 걸어가 실패하고 배우며 후회 없이 살아볼 것인가. 사람들이 당장 "와, 너 정말 대단하다!" 하는 길만 찾아 갈 것인가. 나 스스로 "너 정말 대단하다. 이번에도 고생했어!" 하는 길로 걸어갈 것인가. 점점 후자의 길로 가보자는 용기가 생겼다.

⬤ 불어오는 바람을 따라 항해를 시작하자

실수와 실패에서만 자유로워져도 지금 바로 자신감 있게 사람들 앞에서 말하는 것이 가능해진다. '사람들이 어떻게 보든 뭐 어때? 사람이 뭐 날 때부터 발표를 잘하나?' 하며 도전하고 경험을 쌓아가다 보면 말하는 센스는 자연스럽게 늘게 된다. 발표를 할 때 발음이 좀 부정확하고 몇 번 실수하더라도 그것은 크게 중요하지 않다는 점도 깨닫게 된다.

비온 뒤 땅이 굳어지며, 비바람을 맞은 식물은 뿌리와 줄기가 더욱 단단해진다. 겉으로는 승승장구만 하는 성공이 더 좋아 보일지 몰라도, 넘어진 뒤 다시 일어나는 사람은 그 안에 나이테가 더욱 짙게 생겨나 있다. 시행착오 과정을 통해 내면에 믿음과 자신감을 쌓은 사람은 전쟁터에서도 굳세게 걸어 나갈 수 있다. 돌덩이는 좀 맞을지언정 내공은 쌓여간다.

마크 트웨인의 명언 중 감명 깊어 필기해둔 글귀가 있다.

앞으로 20년 뒤 당신은 그때까지 한 일보다는 하지 않은 일을 후회하게 될 것이다. 그러니 지금 당장 배를 묶어놓은 밧줄을 풀고, 안전한 항구를 떠나라. 불어오는 바람을 따라 항해를 시작하라. 탐험하고, 꿈꾸고, 발견하라.

인생의 목표가 하루하루 발전하는 것이라면, 무엇보다 정말 말을 잘해보고 싶다면 눈 질끈 감고 사람들 앞에서 용기 내어 발표하고 대화의 주도권을 잡는 연습을 해보자. 당장은 구독자가 없더라도 꾸준히 유튜브에 진행하는 영상을 올려보아도 좋고, 매일 휴대폰으로 셀프 촬영하며 나 혼자서만 보아도 좋다. 꾸준히 항해하다 보면 폭풍우처럼 보였던 길에서 생각지도 못한 무지개를 만날 수도 있을 것이다. 비가 내리는 날에도 우산을 쓰지 않고 신나게 물줄기를 맞으며 즐기는 나를 발견할 수 있을 것이다.

수많은 경험을 통해 말하기에 메타인지가 적용되기 시작하면 말하는 시간이 즐거워진다. 그때부터 '말'은 나를 태우고 여러 목적지에 도달하는 든든한 '배'가 된다. 메타인지 말하기를 타고 인생이라는 바다 위를 자유롭게 탐험하고, 꿈꾸고, 새로운 나를 발견해보자.

HOW TO 프레젠테이션 모니터링 체크 포인트

프레젠테이션 발표를 맡았다면 미리 리허설하는 내 모습을 촬영해보세요. 모니터링할 때 다음을 유념하여 체크해보기 바랍니다.

❶ 자세

등장할 때 허리를 꼿꼿이 펴고 당당한 걸음걸이로 나왔는가?	☐
허리가 굽은 자세이거나 어깨가 기울어지지는 않았는가?	☐
말을 할 때 몸을 한시도 가만히 있지 않고 움직이지는 않는가?	☐
팔짱을 낀 자세로 마이크를 들고 말하고 있지는 않은가?	☐
마이크를 엄지와 검지 두 손가락으로만 잡고 있지는 않은가?	☐
노래 부를 때 마이크 밑동을 위로 향하는 자세이지는 않은가?	☐
말하는 중간 다리를 떨고 있지는 않는가?	☐
PPT를 설명할 때 관중에게 등지고 있지는 않은가?	☐
관중을 보지 않고 너무 PPT만 보며 말하는 것은 아닌가?	☐

❷ 표정

시종일관 어두운 표정이지는 않은가?	☐
눈에 힘이 없이 게슴츠레하지는 않은가?	☐
오프닝과 엔딩에 미소를 잘 짓고 있는가?	☐
억지웃음으로 어색하지는 않은가?	☐
보는 이는 재미가 없는데 혼자 웃고 있지는 않은가?	☐
관중을 바라보는 표정이 무섭지는 않은가?	☐

❸ 스피치

첫인사를 할 때 모든 글자가 또렷하게 들리는가? ☐

점점 속도가 빨라지지는 않는가? ☐

말하는 것을 이해하기에 좋은 속도인가? ☐

중간중간 침묵이 너무 길지는 않은가? ☐

다소 무례한 유머를 말하지는 않았는가? ☐

"~다", "~요" 등 마지막 어미가 명확하게 들리는가? ☐

코맹맹이 소리가 심하지는 않은가? ☐

입을 작게 벌려 발음이 부정확하지는 않은가? ☐

목소리가 작아 전달력이 떨어지지는 않은가? ☐

나도 모르게 비속어를 말하지는 않았는가? ☐

4

아나운서는 메타인지로 말한다

"스탠바이. 큐!"

방송할 때 아나운서의 오감은 활짝 열려 있다. 시선은 눈앞의 카메라를 고정하면서도 귀로는 이어폰을 통해 피디의 지시 사항을 섬세하게 듣고 있다.

"자! 다음 뉴스 하나 빼고 가겠습니다."

한 신입 아나운서가 방송 중 들려오는 피디의 지시 멘트에 "네!" 하고 대답했다는 웃지 못할 에피소드를 들은 적이 있다. 충분히 이해가 되었다. 인이어를 끼고 방송을 할 때는 그야말로 정신이 없기 때문이다. 실수하지 않기 위해서는 듣고 있는 자아와 말하는 자아를 분리해야만 한다.

실제로 방송을 할 때 나의 듣는 자아는 미간에 힘을 잔뜩 주고 인이어로 들여오는 지시사항을 필사적으로 메모하고 있었고, 말하는 자아는 온화한 미소를 띠며 또박또박 우아하게 말하고 있었다.

🔴 오감을 활짝 열어야 하는 방송

무대가 야외로 옮겨지면 아나운서의 시선은 카멜레온처럼 넓어진다. 여러 각도의 카메라를 인지하는 동시에 수많은 관중과 현장의 분위기 또한 파악해야 하기 때문이다. 스태프의 다급한 움직임을 보며 위급 상황임을 예측하고 혹시 모를 예비 멘트를 마음속으로 준비하기도 한다. 예기치 못한 장비 오류 등이 발생하면 곧바로 안내 멘트를 해야 하기 때문에 무대 뒤에서는 늘 긴장하며 진행 상황을 파악해야 한다. 그야말로 방송 현장은 매 순간 정신을 차리게 하는 정글 교육장이었다. 아나운서란 한마디로 주파수를 열어놓고 동시에 여러 상황을 인지하며 섬세하게 집중해야 하는 직업 중 하나다.

🔴 '마음먹기'에 따라 달라지는 주파수 성능

신기한 점은 같은 사람일지라도 본인의 '의지'와 '마음먹기'에 따라 주파수의 '성능'이 달라진다는 것이다.

오감각을 활짝 열어 무대에서 메타인지 말하기를 펼친 뒤 집으로 돌아오는 길.

멍하니 앉아 있다 지하철을 반대 방향으로 탄 적이 한두 번이 아니다. 집에서는 가족들이 무슨 말을 해도 잘 못 알아듣기도 했고 사무실에 물건을 두고 온 것을 뒤늦게 발견하기도 했다.

그야말로 메타인지 말하기란 항상 인식하며 '깨어 있어야' 가능한 것이다. 무의식적으로 오감을 닫고 의지를 놓아버리면 곧바로 나뿐인 말하기로 전환되어버린다.

● 중요한 자리는 '생방송'이라고 생각해보자

같은 사람일지라도 결연하게 마음먹지 않으면 곧바로 귀가 닫히고 눈도 보이지 않는다. 바로 곁에서 말해도 들리지 않고 물건이 앞에 있어도 찾아 헤맨다. 몇 십 년 차 베테랑 아나운서들도 방송 전 중압감을 느끼는 이유는, 한순간도 무감각해져서는 안 되기 때문이다. 무대에 오르면 온 힘을 다해 현장에 집중하며 수많은 신호를 읽어내야만 한다.

어떠한 목적을 두고 대화를 나누는 모든 과정에도 이렇듯 보이지 않는 노력과 에너지가 필요하다. 카메라만 없을 뿐, 삶이란 무대는 방송보다 더 생생하고 손에 땀을 쥐게 하는 영화 같은 순간의 연속이다. 따라서 일생일대 기회의 순간이 다가왔을 때, '그냥' 임해버리면 버스를 놓치듯 기회 또한 슝 하고 지나가 버리기 쉽다.

● 지금 나의 모습이 생방송되고 있다면?

상대방에게 나를 정확히 인식시켜야 한다거나 나의 목적을 분명히 관철시켜야 하는 자리라면 지금 나의 모습이 생방송되고 있다고 생각해보자. 관찰 예능이나 영화 〈트루먼 쇼〉처럼 말이다. 일단, 내 앞에 카메라가 여러 대 있으니 말과 행동을 허투루 하기 어렵다. 적어도 한 대의 카메라는 계속 클로즈업으로 나를 찍고 있으니 입을 벌리고 앉아 있는다거나 두리번거리며 자꾸 다른 곳을 바라보지는 않게 될 것이다. 상대방의 이야기를 들을 때는 인터뷰 진행자처럼 초롱초롱한 눈으로 미소를 띠며 상대방을 바라보게 된다.

만약 대화를 나누면서 다른 생각을 하거나 중간에 수시로 휴대폰을 본다면? 방송으로 치자면 NG다. 대화 중 다른 행동을 하는 모습은 화면에 쓸 수 없다.

◑ 삶에는 'Replay'가 없다

현실에서는 어떨까? 이렇게 집중하지 못하는 모습을 보인다면 상대방으로부터 한 번 더 만나보고 싶다는 마음을 주기 어렵다. 영업이라면 이날 만남은 실패다. 강의라면 연장 신청이 어려울 것이다.

중요한 것은, 생방송이 가정의 사실만은 아니라는 점이다. 실제 상황에서도 나를 바라보는 카메라가 있다. 바로 상대방의 '눈'이다. 내가 자꾸 다른 생각을 하거나 부적절한 언행을 하는 것 또한 상대방은 티를 내지 않고 계속 관찰하고 있다. 이것은 '나'라는 사람을 판단하는 근거가 된다.

상대방도 정확히 알고 있는 나의 언행을 내가 스스로 인지하지 못한다면? 살아가면서 '왜 나한테만 그래!' 하며 이해하지 못할 상황들이 늘어날지도 모른다. 내 안의 렌즈 성능을 높여야 하는 이유다.

방송을 하며 내가 하는 말의 '내용' 또한 조심하게 되었다. 라디오 DJ를 하면서 말의 파장에 대해 직접적으로 배운 덕분이다. 라디오는 마이크를 통해 이야기를 건네면 문자로 청취자의 반응이 곧바로 도착한다. 이를 통해 내가 미처 헤아리지 못한 부분들을 깨닫게 되었다.

크리스마스나 명절이면 흥겨운 목소리와 대사로 오프닝을 열어가곤 했다.

"여러분! 가족, 친구분들과 어디에서 즐거운 시간을 보내고 계신가요? 신나는 사연과 신청곡 많이 보내주세요!"

내가 먼저 행복한 그림을 그려놓고 결론이 정해진 '닫힌' 질문을 건넸다. DJ를 하면서 도착하는 사연들을 하나하나 읽으며 알게 되었다. 크리스마스, 명절에도 묵묵히 일을 하거나 피치 못할 사정으로 그리운 가족을 보지 못하는 사람들이 많다는 것을 말이다. 이분들은 방송에서 가족, 연인들이 행복해하는 사연을 접할 때마다 오히려 아픈 마음을 달래고 있었다.

이를 계기로 나의 라디오 멘트는 여러 사람을 포용할 수 있는 대사로 넓어지기 시작했다.

"여러분, 추석 명절입니다. 지금 어디에서 어떤 시간을 보내고 계신가요? 사연 보내주세요."

이렇게 '열린' 질문으로 변화해갔다. 아나운서는 많은 이들을 대표하여 말을 하는 자격이 주어진 사람이다. 이는 감사한 일인 동시에 막중한 책임감을 가져야 한다는 의미이기도 하다. 아무 생각 없이 한 말에 누군가는 상처를 받을 수도 있기 때문이다.

🔵 메타인지 말하기가 필요한 이유

말 한마디에 책임을 져야 할 사람이 어디 아나운서뿐이겠는가. 어느 누구도 본인이 내뱉은 말을 다시 주워 담을 수는 없다. 무심코 날아간 날카로운 말은, 서로의 가슴에 평생토록 남아 아픔이 된다. 가까운 가족이라고 해서 막말을 들어줄 의무는 없다. 곁에 있는 사람일수록 툭 하고 건넨 말이 주는 상처는 더욱 크다. 내가 말하는 모습을 스스로 먼저 바라볼 수 있는 메타인지 말하기가 필요한 이유다.

'내가 이 말을 했을 때 상대방이 상처받진 않을까? 굳이 하지 않아도 되는 말을 하는 건 아닐까?'

어떤 말을 앞두고 고민이 된다면 지금 내가 생방송을 하고 있다고 생각해보자. 가볍게 느껴졌던 이야기도 마이크를 통해 전 국민이 보고 듣는다고 생각하면 한 번은 더 살펴보게 될 것이다. 평생 후회가 될 말은 적어도 피해갈 수 있을 것이다.

내가 이 말을 해서 상대방이 지금 당장 달라질 거라면 애초에 그일은 일어나지도 않았을 것이다. 상대방을 비난하는 날카로운 말은 서로 상처만 될 뿐 결론적으로 내가 원하는 결과를 가져다주지도 않는다. 과격한 말이 목구멍까지 차오를 땐 심호흡을 한 번 하고 마음속으로 이렇게 외쳐보자.

스탠바이. 큐! "지금 나의 모습이 생방송 중입니다."

Q. 몰입도 높은 발표자의 프리젠테이션 자료에는 어떤 특징이 있을까요?

A. PPT 내용이 많지 않습니다. 하얗거나 검은 바탕 가운데 달랑 한 줄 문장만이 자리하기도 합니다. 담백한 PPT를 띄워놓고 연설하기를 즐겨한 스티브 잡스를 떠올리셔도 좋겠습니다.

때로는 참고자료를 설명하기 위해 복잡한 내용을 PPT에 담아야 하는 경우도 있습니다. 그야말로 화면 안에 콘텐츠가 가득 차게 되지요. 표나 그래프일 경우 하나하나 설명을 하려면 10분이 넘어갈 정도입니다. 그러나 말을 잘하는 사람은 복잡한 PPT 화면도 단순한 몇 문장으로 쉽게 정리해줍니다.

Q. 지루함을 주는 PPT 발표의 특징은 무엇일까요?

A. 발표자가 PPT에 담긴 '모든' 내용을 '하나하나' 꼼꼼하게 전달한다는 것입니다. 친절하게 알려주고 싶은 마음은 이해합니다만 나열식 말하기가 최대 30초를 넘어가게 되면 청중의 머릿속은 다른 생각으로 가득 차게 됩니다.

'이따 점심 뭐 먹지?' '아이는 잘 있나?' 'SNS 한번 확인해볼까?'

《하버드 집중력 수업》에는 재미있는 실험결과가 나옵니다. 마이크로소프트 연구원이 뇌전도 기술을 통해 사람의 평균 주의력 지속시간을 측정했는데요. 결과는 8초였다고 합니다. 원래는 12초였으나 인터넷이 발달한 2000년부터 그마저도 4초가 더 줄어들었다고 해요. 비단 연구결과를 살펴보지 않더라도 평소 유튜브를 보거나 수업을 듣는 저의 집중력을 떠올려보니 고개를 끄덕이게 됩니다.

'말하기'는 '책읽기'와 다릅니다.

책을 읽는 사람은 글을 처음부터 쭉 읽다가 다시 앞으로 돌아가기도 하고, 편안하게 내용을 오가며 자유롭게 생각할 수 있습니다. 그러나 발표를 듣는 사람은 연사가 말하는 대로, 전달해주는 순서대로 받아들이게 됩니다.

만일, 발표자가 책을 쭉 낭독하고 읽어주는 방식으로 이야기한다면 굳이 사람들이 시간 내어 발표장까지 올 필요가 없겠지요? 차라리 PPT 자료를 받아서 혼자 정독하는 편이 나을 수도 있습니다. 어차피 발표자가 쭉 읽어줄 것이라면 미리 촬영해놓은 VOD 파일이나 녹음본을 받는 것이 시간도 아껴줄 수도 있고요.

나열식 설명이 아닌, 친구에게 말하듯 이야기를 들려주세요

발표자가 필요한 이유는, PPT 내용을 토대로 그날 모인 청중들의 눈높이에 맞추어 내용을 보다 이해하기 쉽게 전달하기 위해서입니다. 그러려면 PPT 내용을 완벽하게 내 것으로 만든 뒤 나만의 언어로 재미있게 이야기를 들려줄 수 있어야겠지요? 이를 위해서는 청중을 나와 가장 친한 친구, 가족으로 생각하는 것도 도움이 됩니다. 내가 가장 편안한 말하기가 듣는 사람에게도 부담 없기 때문입니다. 청중들을 친구처럼 바라보기 위해서는 도전정신을 통한 연습과 경험만이 비결입니다.

'준비한 내용을 하나도 빠짐없이 전달해야지!'

▶ 전체적으로 집중력과 전달력이 떨어질 수 있습니다.

'몰입도 있게 재미있게 알려줘야지!'

▶ 한두 가지일지라도 청중에게 강렬하게 기억됩니다.

더불어, PPT 내용을 다 전달할 필요가 없다는 말씀을 드리면 가끔 이런 질문을 받습니다. "PPT에 있는 내용 중 몇 가지 부분을 빠뜨리면 듣는 사람들이 왜 이 부분은 그냥 넘어가느냐고 항의하지 않나요?" 하고 말입니다. 물론 그런 분이 계실 수 있습니다. 이러한 청중을 위해 발표 마지막에 준비된 시간이 바로 Q&A입니다. 또한 발표 시작 전에, 언제든 궁금한 점이 생기면 질문하셔도 된다는 안내 멘트를 미리 해도 좋습니다.

사람들은 발표자의 재미나고 알기 쉬운 설명을 듣고 싶어 합니다. 어렵고 복잡한 PPT 내용을 그대로 브리핑해주기를 원하지 않습니다. 몰입도 높은 발표를 하고 싶다면 일단 PPT 자료에서 자유로워지시기 바랍니다! 참, 그리고 혹시라도 시간이 부족하면 안 되니 PPT 분량은 항상 넉넉히 준비해주세요. 다만, 무대에서 PPT에 끌려가며 내용을 쭉 읽어가는 모습만 보이지 않으시면 되겠습니다. 주인은 바로 발표자인 '나'이고 PPT는 고마운 '도구'라는 사실을 잊지 마세요!

5

메타인지 말하기는 부메랑

방과후학교 강사로 초등학교에서 말하기 수업을 하는데, 남자아이 둘이 언성을 높이며 싸우기 시작했다. 얼른 다가가 잠시 떨어뜨려 놓고는 씩씩거리는 한 아이에게 다가갔다. 무릎을 꿇고 두 팔을 잡은 뒤 눈을 마주쳤다.

"지는 게 이기는 거야. 이번에는 네가 참고 용서해줘."

어깨를 들썩이며 콧바람을 내뿜던 아이는 잠시 생각에 잠기더니, 큰 소리로 외쳤다.

"지는 게 왜 이기는 거예요? 난 지기 싫단 말예요!"

더 이상 할 말이 없었다. 아이의 말에 틀린 것도 없었기 때문이다. 지는 게 이기는 거라니, 그야말로 모순되는 말이었다.

그럼에도 불구하고 우리는 살아가면서 언제나 이길 수만은 없다. 맡은 역할과 목적에 따라 고개를 숙여야만 하는 순간들도 있다. 나이가 들어서도 바득바득 이기려고 할 때, 주위 사람들은 일부러 져주며 이렇게 말한다.

"쟤는 어쩜 아직도 아이 같냐."

말을 잘한다는 것은 목적을 잘 이뤄낸다는 뜻이며, 이는 곧 경우에 따라 잘 지기도 한다는 의미다. 원활한 인간관계와 사회생활을 하기 위해서는 더 큰 목적을 위해 물러서야 할 때도 많기 때문이다.

● 궁극적인 목적을 이루기 위한 지는 말하기

아이를 키우면서 부모는 수십 번, 수백 번이 넘도록 진다. 목적은 하나다. 아이가 잘 자라기를 바라는 마음에서다.

"준비, 시, 작!"

아이와 달리기 시합을 하면서 실제 경주를 하듯 전력 질주하는 어른은 없다. 티 나지 않게 조금씩 져주며 용기를 심어주고, 가끔은 이기기도 하며 실패를 알려준다.

도광양회(韜光養晦). 빛을 감추고 어둠 속에서 은밀하게 힘을 기른다는 뜻이다. 더 큰 것을 얻기 위해 자신의 재능이나 명성을 드러내지 않고 참고 기다린다는 의미를 담고 있다. 이 한자 성어를 통해 궁극적인 목적 달성을 위해 물러날 줄 알았던 옛 어른들의 지혜를 배울 수 있다.

인간관계에서도, 사회생활에서도 마찬가지다. 무조건 그 자리에서 이기려는 사람은 최종적으로 승리하기 어렵다. 세상에는 "으이 그. 저 모지리!" 하며 일부러 져주는 천사들만 있는 것이 아니기 때문이다. 현명한 사람은 전략에 따라 돌격과 후퇴를 자유롭게 결정한다. 알량한 자존심이 아닌 '목적'에 집중하고 있으니 당장 물러선다 하여 상처받지 않는다. 냉철한 이익 관계와 철저한 목적에 따라 눈물 삼킨 후퇴를 결정하는 기업의 모습을 떠올려보자. 자존심을 지키면 회사가 무너지고 잠시 뒤로 물러서면 생존할 수 있다.

● 전체 그림을 보아야 말을 잘할 수 있다

'말' 또한 목적에 따른 전략이 중요하다. 정말 말을 잘하려면, 내가 지금 이 사람을 왜 만나는지, 이 자리를 통해 궁극적으로 이루고자 하는 것이 무엇인지를 명확히 알고 있어야 한다. 목적을 분명히 한 뒤에는 이를 달성하기 위하여 단단한 쇠로도, 한없이 구부러지는 갈대로도 변화할 수 있어야 한다.

영화 〈관상〉의 마지막 장면에는 진한 울림을 주는 대사가 나온다. 계유정난으로 한바탕 폭풍이 인 뒤 바다를 바라보며 한명회(김의성 분)와 대화를 나누는 관상쟁이 내경(송강호 분)의 회한 섞인 말이다.

"난 사람의 얼굴을 봤을 뿐 시대의 모습을 보지 못했소. 시시각각 변하는 파도만 본 격이지. 바람을 보아야 하는데… 파도를 만드는 건 바람인데 말이오."

당장 보이는 대로, 아는 그대로 말하며 피바람을 목격한 그는, 이로 인해 본인이 파도에 쓸려갔다고 말한다. 더 큰 바람이 중요하다는 것을 깨달은 관상쟁이. 비록 픽션이지만 그가 만일 과거로 돌아간다면 나무보다는 숲을 바라보며 때로는 목구멍까지 차오르는 말도 침묵으로 지켜냈을지도 모를 일이다.

메타인지 말하기는 근원을 바라보는 것

메타인지 말하기를 통해 대화의 장(場)을 관람하는 것은, 눈앞의 파도를 일으키는 '근원'을 바라보기 위해 노력하는 과정이다. 더불어 바람을 보기 위해 필요한 것은 일단, 바람을 보아야겠다는 '의지'를 갖는 것이다.

이러한 과정을 통하여 표면적으로 보이는 말의 '목적'과 '의도'가 보이기 시작하면, 돌풍을 맞받아치는 실수를 피할 수 있게 된다. 대화의 큰 그림이 보이니 때로는 바람을 피해 갑판 밑에 엎드려볼 수도 있고, 때로는 배 위의 선원들을 모두 불러내어 돛을 달아 위기를 헤쳐나갈 수도 있다. 상황에 맞는 가장 이상적인 한마디는, 큰 그림에 따른 똑똑한 전략이 세워진 뒤에 나올 수 있다.

잠시 멈추어 대화의 상황을 바라보자

상대방의 말에 화가 나서 흥분이 되면, 잠깐 멈추어 대화를 멀리서 바라보자. 지금 어떤 상황에 놓여 있는지 분석해보는 것이다.

"OO씨, 계약서가 너무 늦어지는데요. 빨리 좀 주세요."

거래처 담당자가 퉁명스럽게 말한다. 이 말을 듣자마자 욱하고 화가 난다. 다시 상황을 바라본다. 남의 일을 보듯 영화 속 장면으로 치환해보니 이 문장에서 딱히 화가 날 요소는 없다. 일단 담당자가 '나'라는 사람에 대하여 말한 것이 아니며, '나'에게 말한 것도 아니다. 저 사람은 그냥 계약서 업무를 맡은 '회사원 A'에게 말한 것일 뿐이다. 저 사람은 나를 '타박'하려고 말한 것이 아니다. 막힌 일을 해결하기 위해 담당자에게 문제 해결을 '요청'한 것일 뿐이다. 계약서를 빨리 달라고 말하면서 상냥할 필요도 없는 노릇이다.

이 대화의 궁극적인 '목적지'는 두 회사가 계약서를 주고받아 날인을 말끔하게 마무리 짓는 것이다. 나라는 사람의 존재를 내세워 누구든 회사원 A를 우대하게 만들고 공손하게 이야기를 하도록 만드는 것이 목적지가 아니다.

🌑 목적지를 잃으면 감정이 날뛴다

궁극적인 목적지를 잃으면 사사로운 감정이 시시각각 올라온다.

"우씨, 왜 나한테 난리야? 위에서 결재가 안 난 건데, 왜 나한테 짜증이냐고!"

목적지 설정에 오류가 있고 지금 내가 처한 상황을 객관적으로 파악하지 못하니, 굳이 갖지 않아도 될 '짜증'이라는 감정이 밀려온다. 이로써 나의 에너지는 불필요하게 소모되기 시작한다. 이 감정을 동료나 담당자에게 전달까지 하면 부정적인 감정이 연이어 전이되는 악순환이 발생한다. 이러한 사례가 반복되면 사람들은 그와 대화하는 것을 꺼리게 되며, 점차 일을 못 하는 사람, 말을 못 하는 사람으로 인식될 수 있다.

거래처 직원이 한 말의 목적은 '빠른 일처리'다. 나의 기분을 상하게 하려는 것이 목적이 아니다. 회사는 또래 집단이 아니다. 그 정도로 나에게 관심이 있는 사람도 없다. 일터에서는 사사로운 감정은 배제한 뒤 대화의 목적을 빠르게 파악하고 이에 맞추어 조속한 일처리를 약속하는 말을 하면 된다.

"늦어져서 죄송합니다. 빨리 처리하여 보내드리겠습니다."

"○○씨, 지금 □□로부터 연락받았는데 오늘 안으로 계약서가 반드시 필요하다고 합니다. 빨리 전달할 수 있도록 말씀 좀 잘 부탁드려요."

여기에서 거래처 담당자에게 이야기한 '죄송합니다'와 동료에게 말한 '말씀 좀 잘 부탁드려요'는 지는 말이 아니다. 문제 해결을 위한 말이다. 이를 바탕으로 빠른 일처리를 성공적으로 이끌었다면 이것은 '이기는' 말이 된다.

🔘 감정을 뺀 관람객이 되어보자

"아, 나 이것 좀 빨리빨리 해줘. 지금 뭐 하는 거야?"

남편의 짜증 섞인 목소리가 들려온다. 훅 들어온 말에 욱 할 때는 얼른 관람객이 되어본다. 가만 보니 며칠 동안 바쁜 업무로 눈 아래 다크서클이 진하다. 연이어 걸려오는 업무 전화로 정신도 없어 보인다. 정황상 나에게 시비를 걸려는 목적은 아니고, 워딩 그대로 그냥 빨리 이것을 해달라는 의미로 말한 듯하다. 본인이 짜증을 내고도 어떤 뉘앙스로 말을 했는지 알지 못하고 있다. 부부 사이의 최대 목표는 '가족의 행복'이다. 이런 경우에는, 짧게 대답하고 원하는 것을 바로 해준다.

"응, 알았어."

이런 상황에서 나에게 어떻게 명령조로 말을 하냐느니, 자기 일은 스스로 해야 하지 않겠냐느니 하는 감정 소모 대화를 나누는 것은 불필요할 뿐만 아니라, 말을 한다고 해서 목적이 이루어지기도 어렵다. 다만, 반복되는 명령조의 어투로 한 번쯤 짚고 지나가야 할 경우 나중에 남편이 시간적 여유가 있거나 기분이 좋아 보일 때 넌지시 말한다.

"'이거 해줘'가 아니라 '해줘요. 해주세요'라고 말하면 좋겠어요." (요구를 할 때는 존댓말을 한다.)

의외로 바로 수긍하며 그날부터 달라진 모습을 보여준다.

◐ 말하기에도 TPO가 필요하다

말이란 내가 목표한 것을 '이루고자' 건네는 언어다. 따라서 목표를 똑똑하게 달성하기 위해서는 말을 하기에 앞서 TPO를 고려해야 한다. 패션피플은 TPO(Time, Place, Occation)에 맞추어 옷을 코디한다. 말하기 또한 적재적소에 맞추어 패션을 갖추어야 목적을 달성할 수 있다. 정황은 살펴보지 않고 내 기분만 생각하며 돌진하다 보면, 목적을 이루기는커녕 의도치 않게 상처만 입고 싸움으로 번질수도 있다.

중요한 건 이기고 지느냐가 아니다. 내가 하는 말이 '목적'을 이루었냐이다.

● '목적'을 달성하는 메타인지 말하기

팀장으로 근무하는 동안 다른 부서에 업무 요청할 일이 많았다. 이때의 말하기 목적은 '빠른 일처리'였다. 협조가 조속히 이루어져야 우리 팀도 해당 업무를 시작할 수 있기 때문이다. 이런 경우 스스로 목적을 한 번 더 분명히 되뇌며 타 부서장을 찾아갔다. 목적에만 집중하니 자연히 불필요한 자존심을 내세우는 말은 하지 않게 되었다. 겸손한 태도로 필요한 요소를 정확하게 전달하는 데에만 집중했다.

하지만 같은 부서장을 찾아가더라도 목적이 달라지면 말투부터 비언어적인 분위기까지 달라졌다. 가령 '우리 팀의 억울함 해명'을 위한 미팅이라면, 오해를 벗고 당하지 않는 것이 첫 번째 목적이었다. 자연히 말투도 결연해졌고 시시각각 근거에 따른 분명한 발언을 하기 위해 주파수도 더욱 섬세하게 맞춰놓아야 했다. 인간적인 정에 흔들리지 않도록 신호등을 잘 켜놓아야 했기 때문이다.

때와 장소, 말하기의 목적과 전체 상황을 고려하는 메타인지 말하기는 에너지가 많이 소모되는 일이다. 그러나 그만큼 더 큰 유익을 안겨주는 부메랑 역할을 한다. 개인적으로 영업을 할 때 많은 도움이 되었다. 매 순간 목적을 인지하고 멀리서 대화의 흐름을 바라볼수록 성과도 함께 올라갔다.

● 메타인지 말하기는 부메랑이다

한번은 약속 장소에 나가 고객을 1시간 넘게 기다린 적이 있었다. 연락도 안 되고 감감무소식이라 무작정 앉아 있었는데 참 난감했다. 처음에는 무시당하는 기분이 들어 화가 치밀어 올랐다. 고속도로 한가운데서 길을 잃은 듯했다. 만약 그 시점에 고객이 도착했다면, "어떻게 이렇게 말도 없이 사람을 기다리게 하실 수가 있나요?"라며 고속 페달로 들이받는 나쁜인 말하기를 했을지도 모른다.

한참을 기다리며 관람객의 시선으로 상황을 물끄러미 바라보니 나중에 상대방도 얼마나 미안할까 하는 생각이 들었다. 어차피 벌어진 일인데 화를 낸다고 달라질 일도 아니었다. 이 만남의 목적은 내가 대우받고 인정받기 위한 자리가 아니었다. 나의 상품을 소개하고 판매하기 위한 자리였다.

1시간이 훌쩍 넘어 고객에게 전화가 걸려왔다. 휴대폰을 잃어버려서 찾다가 이제 막 발견했다는 것이었다. 본인도 이런 경험은 처음이라며 연신 미안하다고 했다. 다행히 나는 메타인지 말하기를 할 수 있었다.

"괜찮습니다. 일부러 그러신 것도 아닌데요. 저도 깜빡하곤 해요."

점심 내내 밥도 못 먹고 회사로 돌아가는 길. 그러나 이상하게 마음만큼은 좋았다. 상황 전체를 바라보며 침착하게 대처한 것만으로도 나 자신이 한층 성숙하게 느껴졌다. 며칠 후 그분에게서 연락이 왔다. 상품을 구매할 생각이 있고 지인 몇 사람을 더 소개해주겠다고 말이다.

메타인지 말하기는 결과적으로 더 큰 부메랑으로 돌아왔다.

HOW TO 발표 전 점검할 TPO 체크 리스트

패션은 역시 TPO가 지켜져야 멋쟁이지요? 말하기도 마찬가지입니다. 때와 장소, 상황에 따라 발표 내용이 달라져야 합니다. 말하기의 프로는 같은 자료를 가지고도 백이면 백 번 모두 조금씩 다른 이야기를 들려줍니다. 그때마다 '환경'이 달라지기 때문입니다. TPO 체크리스트를 통해 발표에 날개를 달아보세요.

❶ 몇 시 발표인가?

이른 시간 발표라면 지각하는 청중이 있을 것을 염두에 두어야 합니다. 점심 직전에 끝나는 발표라면 식사 시간 확보를 위해 마치는 시간을 더욱 정확히 지켜야 합니다. 식사 직후 오후 발표라면 청중들이 노곤함에 힘들어하는 시간입니다. 말하기 톤과 속도에 최대한 변화를 많이 주고, 중간중간 질문을 건네며 재미있고 흥미롭게 끌어가시면 좋습니다. 퇴근 후 늦은 저녁 발표는 일을 마치고 청중들이 가장 지쳐 있는 시간입니다. 종일 고생한 상황을 배려하여 지나친 호응을 유도하기보다는 편안하게 진행하실 것을 권해드립니다.

❷ 분량은 어느 정도인가?

분량 체크는 필수입니다. 발표 내용을 줄이는 것은 언제든 할 수 있지만 당장 늘리는 것은 어려우므로 강의 자료는 항상 넉넉히 준비할 것을 권해드립니다. 더불어 해당 자료로 처음 발표하는 것이라면 대략 어느 정도의 시간이 소요될지 리허설을 통해 미리 점검해보는 것이 좋습니다. 영상 촬영이 부담스러우시다면 녹음을 통해서라도 대략의 러닝타임을 확인해보세요. 준비한 분량을 무조건 다 말하고 오겠다는 마음보다는 최대한 청중과 소통한다는 느낌으로 발표하시면 전달력이 높아지실 것입니다.

❸ 정확한 주소 확인

발표 장소를 애매하게 알고 있다가 잘못된 곳으로 가게 되는 경우가 의외로 적지 않습니다. 정확한 주소명과 강의실 위치까지 세세하게 체크하시기 바랍니다. 또한 주차장이 여의치 않아 예상치 못하게 시간이 더 소요될 수 있습니다. 변수를 고려하여 처음 방문하는 장소의 경우 반드시 30분~1시간 전에 넉넉히 도착할 것을 권해드립니다.

❹ 장비 확인

해당 장소의 음향, 영상시설이 완벽하게 작동되는지 적어도 20분 전에는 가서 확인해보시기 바랍니다. 영상 파일의 경우 Mp4, MOV 등 사양에 따라 플레이가 되지 않는 곳도 있습니다. 영상이 나올 때 웅웅거리는 하울링 현상이 나타나는지, 마이크에서 삑 하고 소리가 나지는 않는지, 마이크와 스피커와의 적정한 거리는 어느 정도인지 발표 전에 꼭 체크해보시기 바랍니다.

❺ 청중은 누구인가?

발표 내용 못지않게 중요한 것이 그날 '청중이 누구인가'입니다. 행사 성격에 따라 청중의 구성이 달라집니다. 이분들이 무엇을 듣기 위해 이 자리에 온 것인지 그 '목적'을 분명히 아는 것이 첫 번째가 되어야 합니다. 이를 토대로 준비한 자료 중에서도 청중들이 궁금해하는 부분을 중점적으로 전해드려야 합니다. 성별과 나이, 집단 성격 등에 따라서도 말하기 스타일이 달라지겠죠? 청중의 눈높이와 관심사에 맞추어 공감할 수 있는 사례를 드는 것이 좋습니다. 노인 및 아이들과 함께할 때는 말의 속도를 두세 배 늦추어 또박또박 발음한다면 전달력을 높일 수 있을 것입니다. 발표 전 미리 청중 리스트를 받아보실 것을 권해드립니다. 만일 그럴 수 없는 상황이라면 현장에 미리 도착해서 청중들과 가벼운 대화를 나누어보세요. 발표 내내 활발하게 소통하는 데 도움이 되실 것입니다.

6

메타인지 말하기는
프로페셔널한 말하기다

프로와 아마추어는 위기 상황에서 결정된다. 편안하고 분위기 좋은 상황에서는 누구나 말을 잘할 수 있다. 중요한 건 그렇지 못한 상황에서 얼마나 침착하게 대응하느냐다.

"갑자기 방송 사고가 나면 어떻게 하실 건가요?"

합격했던 방송국의 최종 면접에서 받았던 질문이다. 평소 생각해둔 내용이었기에 자신 있게 대답할 수 있었다. 방송 중 세트가 무너질 수도 있고 마이크가 꺼질 수도 있지만 중요한 것은 당황하지 않는 아나운서의 자세와 태도라고 말씀드렸다. 그러면서 흔들리지 않는 눈빛 연기를 보여드렸다. 순간 면접관들이 빵 터지며 웃으셨고 몇 분은 맞는 말이라며 고개를 끄덕이셨다.

살아가면서 위기 상황은 언제나 발생할 수 있다. 화기애애하던 모임 자리에서 갑자기 말다툼이 일어날 수도 있고, 아무 문제없이 진행되던 계약 상황에서 불현듯 상대방이 마음을 바꿀 수도 있다. 농담으로 건넨 한마디에 친구가 버럭 화를 낼 수도 있으며 수많은 사람들 앞에서 느닷없이 지금 당장 발표를 해야 할 수도 있다.

● 메타인지로 위기 상황에서도 침착하게 말하기

어떤 상황에서도 평정심을 유지하며 침착하게 말을 하려면 어떻게 해야 할까?

일단, 나에게 다가올 수 있는 여러 위기 상황들을 수시로 가정해보고 어떤 발언으로 대처하면 좋을지 미리 생각해두는 것이 도움이 된다. 가령, 영업이라면 고객이 예기치 못하게 계약을 파기하고자 하는 경우 어떻게 설득하면 좋을지 앞서 시뮬레이션을 해보는 것이다. 면접이라면 모르는 질문이 나왔을 때 무슨 말을 하면 좋을지 미리 준비하여 반복적으로 연습하는 것이 도움이 된다.

실제로 면접 코칭을 진행할 때는 해당 상황에서의 답변을 수강생과 반복하여 연습한다.

"좋은 질문을 주셔서 감사드립니다. 그런데 송구스럽게도 그 질문에 대한 답변은 미처 생각해보지 못하여 지금 답을 드리는 것은 어려울 것 같습니다. 가능하다면 다음 단계에서 꼭 뵙고 해당 답변을 최선을 다해 전해드리고 싶습니다."

이때 말의 내용뿐만 아니라 겸손한 표정과 공손한 태도 등 비언어적인 부분도 함께 교정하며 수없이 반복하여 연습한다. 이 당연한 언행도 현장에 가면 생각나지 않을 수 있기 때문이다. 모르는 질문을 받게 되면 갑자기 심장이 빠르게 뛰면서 나도 모르게 두 눈을 동그랗게 뜨고 입술을 뜯게 될 수도 있다. 모의 면접을 해보면 당황하는 순간 급격히 다리를 떠는 사람들도 많다. 이렇게 실제로 맞닥뜨릴 수 있는 위기 상황에 대한 연습을 미리 해놓으면 보다 침착하고 자신감 있게 면접에 임할 수 있다.

그럼에도 불구하고 현장에서 아무런 생각이 나지 않을 때의 방법은, 잠시 침묵하며 이 상황을 냉정하고 침착하게 바라보는 것이다.

'저 사람이 왜 저런 말을 했을까? 의도가 무엇일까? 악의를 가지고 한 말일까, 실수로 한 말일까?'

이렇게 상황을 객관적으로 바라보면 일단 요동치는 감정을 잠재울 수 있다. 나아가 미처 보지 못했던 부분들을 발견하기에도 용이하다. 면접일 경우 생각나지 않았던 답변이 떠오르기도 하며, 인간관계에서는 서로 언성이 높아질 때 타오르는 불길을 잠재울 수 있다. 잠시 생각하는 시간을 통해 상대방이 발끈한 이유가 앞서 내가 장난삼아 건넨 말에서 시작되었다는 것을 알아챌 수도 있고, 말은 거칠게 했으나 마음은 그렇지 않다는 점을 이해하게 될 수도 있다.

🔘 프로페셔널의 필수 조건은 완벽한 준비

이 모든 과정에 앞서 어떠한 자리에 임할 때는 일단 현장을 철저히 분석하는 등 기본적인 준비가 되어 있어야 한다.

지인이 부른다고 무작정 자리에 달려 나가면 비생산적인 시간을 보낼 수도 있다. 정확히 어떤 구성원들이 모이며 무슨 목적으로 자리한 것인지 알아보고 참석을 해야 시간과 에너지를 효율적으로 운용할 수 있다. 행사의 성격과 참석자 등의 정보를 알게 된 후에는 적어도 기본적인 사항들은 공부하고 참석해야 긍정적인 시간을 보내는 데 도움이 된다.

영업이나 업무 미팅이라면 적어도 내가 맡은 상품이나 업무에 대해서는 백과사전 수준으로 완벽하게 인지하고 있어야 한다. 어떤 질문이 날아오더라도 막힘없이 대답할 수 있어야 신뢰감을 줄 수 있기 때문이다. 자신 있는 태도로 말해놓고는 고객의 질문에 당황하는 눈빛을 보인다면 나뿐만 아니라 회사와 상품에 대한 신뢰도도 함께 떨어뜨릴 수 있다. 위기 상황에서도 주도권을 빼앗기지 않고 대화를 당당하게 끌고 가기 위해서는 철저한 공부가 필수다.

면접이라면 해당 회사의 기본 정보뿐만 아니라 최근 이슈나 기타 예상 질문에 대한 답도 막힘없이 대답할 수 있도록 꼼꼼하게 준비해야 한다. 고위 직급 면접이라면 해당 임원의 뉴스 기사를 미리 검색해서 공부해가는 것도 혹시 모를 질문에 대한 대비나 말실수를 방지하는 데 도움이 된다. 최근 높은 경쟁률을 뚫고 대학원에 합격한 지인이 있어 비결을 물어보니, 해당 학과 교수가 쓴 저서를 미리 읽고 면접에 임했다고 했다. 마침 그분을 면접관으로 만나 책에 대한 말씀을 드리니 그때부터 표정이 밝아지셨다는 것이다. 물론, 이 친구에게 다른 장점도 많았을 것이다. 그러나 치열한 경쟁 속에서

0.001%의 확률이라도 높일 수 있다면 최선을 다해 관련 사항들을 준비해야 할 것이다. 합격자 후기 중 면접관에 대해 공부한 것이 도움이 되었다는 답변이 의외로 많다. AI가 아닌 사람이 사람을 뽑는 자리라는 것을 기억하면 좋겠다.

오랜만에 친구를 만나는 자리라면 SNS로 동향을 파악함으로써 기본적인 관심과 예의는 표현할 수 있어야 할 것이다. 친구는 나에게 관심을 갖고 기분 좋게 나왔는데 정작 나는 아무런 생각 없이 대화에 임한다면 서운함을 줄 수 있다. 성경에서 예수는 "남에게 대접을 받고자 하는 대로 너희도 남을 대접하라"고 했다. 미국의 교육자 로렌스 굴드는 "남이 당신에게 관심을 갖게 하고 싶거든 당신 자신의 귀와 눈을 열고 다른 사람에게 관심을 표시하라. 이 점을 이해하지 못한다면 아무리 재간이 있고 능력이 있더라도 남과 사이좋게 지내기는 불가능하다"고 말했다. 친구와 사이가 멀어지기 위해 약속 장소에 나가는 사람은 없을 것이다. 좋은 시간과 오랜 인연은 작은 관심에서부터 시작된다.

🌗 지피지기면 백전백승

머리가 하얘지는 상황들은, 대부분 준비가 덜 되어 찾아오는 경우가 많다. 프로페셔널의 핵심은, 멋진 옷을 입고 정확한 발음으로 말을 했느냐가 아니다. 어떤 상황이 다가오더라도 유연하게 대처하며 맡은 역할을 흔들림 없이 이행했느냐다. 철저한 준비는 이를 가능하게 해준다.

라디오 부스에 들어가면 벽에 빼곡히 붙어 있는 글귀들이 있다. 방송 오류가 났을 때 대처할 수 있는 안내 멘트들이다. 무조건 정각에 마무리해야 하는 라디오 뉴스를 진행할 때는 시간을 맞추기 위해 예비 멘트로 현재 기온과 날씨, 습도 등을 준비해둔다.

이렇게 철저한 대비 후 라디오 뉴스가 시작되면 기사를 전달하는 동시에 시계를 보며 계산을 해야 한다. 대사를 정시에 딱 마쳐야 하기 때문이다. 남은 시간에 따라 뉴스의 양을 줄이기도, 말의 속도를 조절하기도 한다. 이때 예비 멘트를 충분히 준비해놓으면 보다 편안한 마음으로 유연하게 시간을 맞추는 데 도움이 된다.

🔘 우아한 백조의 발은 쉬지 않고 움직인다

프로는 유유히 헤엄치는 백조와 같다. 백조는 우아해 보이지만 수면 아래서는 발을 구르느라 바쁘다. 보이지 않는 부지런한 움직임은 꼼꼼하게 준비하고 수시로 동향을 파악해야만 하는 메타인지 말하기와도 닮아 있다.

아마추어는 당장 물에 뜨기에 급급한 강아지 헤엄을 닮았다. 그때그때 수면 위로 올라오기 위해 헐떡이는 모습은 바로 앞만 보며 급한 불을 끄는 임시방편 말하기와도 같다. 아마추어는 위기를 모면하기 위해 대처하는 모습마저도 표정과 목소리에 그대로 드러난다.

당신이라면 어떤 사람에게 신뢰감을 느끼겠는가.

프로페셔널한 말하기를 위해 주어진 만남에 앞서 다각도로 분석하고 준비해보자. 이 미팅의 목적은 무엇인지, 상대방이 이 자리에 나오는 이유는 무엇인지, 내가 이날 반드시 대화를 통해 이루거나 결정해야 할 사항은 무엇인지 먼저 정리한 후 해당 사안에 대해 꼼꼼히 공부해보자. 지난한 노력의 과정을 통해 성공의 경험을 쌓아간다면, 미운 오리 새인 줄만 알았던 내가 알고 보니 우아한 백조였다는 사실을, 기분 좋게 발견할 수 있을 것이다.

`HOW TO` 아나운서는 왜 목소리가 비슷한가요? (복식호흡법)

"아나운서들은 왜 이렇게 목소리가 비슷한가요?" 이런 이야기를 참 많이 들어봤는데요. 여러분도 공감하시나요? 아나운서들은 왜 목소리가 서로 비슷한 걸까요?

목소리는 허파에서 나오는 공기가 성대와 입, 코 등의 공간을 통과하면서 나오는 것인데요. 사람마다 성대와 입 안의 모습은 크게 다르지 않습니다. 이 신체의 같은 기관을 가지고 소리를 내는 '방식'이 같기 때문에 아나운서들의 목소리가 비슷하게 느껴지는 것입니다. 바로 '복식호흡'을 하면서 말을 하기 때문인데요. 이 말은 곧 누구든 복식호흡으로 발성을 하면, 신뢰감 있게, 아나운서처럼 말할 수 있다는 의미가 되겠지요?

실제로 아나운서가 아니더라도 '저 사람 목소리 참 좋다!' 하는 분들의 목소리를 들어보면 100이면 99! 복식호흡으로 말을 하고 계십니다. 대표적으로 영화배우 '이선균' 씨가 있겠는데요. 동굴 목소리라고도 하지요? 입안에 공간을 크게 만들어주고 복식호흡으로 말을 하면 누구든 듣기에 편안한 목소리로 말을 할 수 있습니다.

복식호흡으로 말을 하면 편안하게 숨 조절을 할 수 있기 때문에 다소 긴장이 되더라도 안정된 목소리로 이야기할 수 있습니다. 긴장이 되면 숨이 가빠지고 떨리는 목소리가 나오기도 하는데요. 복식호흡을 하면 양 목소리처럼 흔들거리는 것을 잡아줄 수 있습니다. 또한 목에 힘을 거의 주지 않기 때문에 오랜 시간 말을 해도 쉽게 목이 쉬지 않는다는 장점이 있습니다. 그럼, 이제 방법을 알려드릴게요!

① 먼저, 가장 편안한 자세로 일어서거나 앉으시기 바랍니다.
② 그다음, 코로 숨을 들이마셔야 하는데요. 들이마실 때. 마치 배에 풍선이 부풀어 오른다는 상상을 하면서 배 속으로 공기를 넣습니다. 이때 흉곽에 바람을 넣는 흉식 호흡이 되면 어깨가 잔뜩 올라가게 되는데요. 이렇게 되시면 안 됩니다. 몸에 힘을 빼고 최대한 배 쪽에만 바람을 넣는다는 상상을 하며 숨을 채워보시기 바랍니다.
③ 배에 바람을 넣어 빵빵해지면, 이 상태로 2초 정도 멈춥니다.
④ 그다음, '후~' 하면서 공기를 천천히 내뱉습니다. 공기를 빼내실 때 '스' 하는 입 모양으로 바람을 빼셔도 됩니다.
⑤ 이때, 바람을 조금 내뱉다가 멈추시지 않고요. 배꼽 단전에 단단하게 힘이 들어갈 때까지 끝까지 바람을 빼내시기 바랍니다.

배가 들어갔다 나왔다 하는 움직임을 느끼셨나요? 아기들이 잠잘 때 배가 올라갔다 내려왔다 움직이면서 숨 쉬는 걸 발견할 수 있는데요. 온몸에 힘을 뺀 채로 복식호흡을 하고 있는 올바른 예시입니다. 사실, 복식호흡의 느낌을 제일 잘 느낄 수 있는 건 아기처럼 누워서 하는 겁니다. 앉아서 호흡을 하면 조금 전에 먹은 음식들로 배가 나와 있어서 이게 복식 호흡으로 나온 배인지 음식 배인지 헷갈릴 수가 있거든요. 오늘부터 자기 전에 누워서 복식호흡 연습을 해보기 바랍니다.

복식호흡을 꾸준히 하면 뱃심이 생기면서 한 호흡도 길어지고 신뢰감 있는 목소리를 통해 말의 전달력도 높일 수 있습니다. 호흡이 길어지면 한숨에 산소가 더 많이 담긴다고 해요. 이를 통해 장수의 비결이 된다고 하니까요. 매일 적어도 5분씩 꾸준히 연습하면서 말솜씨도 높이고, 건강도 챙기시면 좋겠습니다.

3장

메타인지 대화법은
이미지 만들기입니다

1

모든 말하기에는 목적이 있다

우리는 살아가면서 하루에도 여러 사람을 만난다. 각양각색 다양한 만남 중 어느 하나도 '그냥' 만나는 자리는 없다.

"글쎄요. 저는 '그냥' 만나는데요? 고객도 일단은 '그냥' 한 번 만나보고요. 친구를 만날 때도 '그냥' 편안하게 만나요. 목적을 갖고 만나는 건 인위적이잖아요? 저는 그런 만남은 싫어요."

목적을 가지고 만난다는 말이 계산적으로 들려올 수 있지만 우리가 '그냥' 만난다고 하는 자리조차 세세히 들여다보면 귀한 시간을 내어 참석하는 '목적'이 있기 마련이다. 이 시간을 즐겁게, 편안하게 보내고자 하는 마음 또한 정서 충족, 위안, 즐거움을 위한 목적이라고 볼 수 있다.

사람에게 주어지는 하루는 24시간으로 한정적이다. 누군가에게는 길게 느껴질 수 있지만, 누군가에게는 1분 1초가 간절하고 부족하게 느껴질 수 있다. 상대방이 나를 만나러 나오기 위해 그는 수많은 다른 선택지들을 포기했을지도 모른다. 이 만남은 다시는 오지 않을 처음이자 마지막 순간일 수도 있다.

한 번뿐인 만남에 '그냥' 임한다면 그 시간은 그냥저냥 흘러가버릴 가능성이 높다. 겨우 잡아낸 약속으로 상대방이 나에게 시간을 내어줬는데 아무 생각 없이 자리에 나가 생산적이지 못한 자리를 만들어낸다면, 본인의 시간을 소중히 여기는 사람들은 다시는 만남을 이어가지 않을 수도 있다. 특히 여러 가지 막중한 책임을 안고 있는 리더는 매 시간 수행해야 할 업무들이 많기 때문에 이 자리에 왜 나왔는지 '목적'조차 분명하지 않은 사람과는 대화를 길게 이어가지 않는다.

상황을 통찰력 있게 바라보며 적재적소에 알맞은 메타인지 말하기를 하기 위해서는 내가 하는 일의 '목적'과 '핵심'을 명확히 알고 있어야 한다. 말을 잘하는 사람은 대체로 일도 잘한다. 필요한 말을 간결하게 전달함으로써 시간을 효율적으로 활용하고 스쳐 지나가는 기회도 잘 잡아낸다. 업무를 할 때 발언 기회와 시간이 언제나 충분한 것은 아니다. 때로는 잠시 복도를 지나가는 짧은 순간이 될 수도 있고 생각지도 못한 타이밍에 갑자기 설명을 해야 할 수도 있다.

'엘리베이터 스피치'라는 말이 있다. 미국의 유명한 컨설팅 회사인 맥킨지가 세계적인 회사가 될 수 있던 비결 중 하나로 꼽히는 사례다. 맥킨지 직원들은 고객사로부터 일정 취소 연락을 받았을 때 바로 포기하지 않았다고 한다. 대신, 취소를 요청한 회사로 찾아가 로비에서 관계자를 기다린 뒤 그가 엘리베이터에 탈 때 얼른 따라 탄 다음 짧은 시간 안에 맥킨지 컨설팅의 강점을 어필했다고 한다. 이를 통해 이탈했던 고객사도 다시 사로잡은 것이 현재 전 세계 최고의 컨설팅 회사가 될 수 있던 비결 중 하나로 꼽힌다.

⬤ Just 1 minute!

말을 정말 잘하고 싶은 상황을 들여다보면 대개 상대방의 마음을 사로잡아야 하는 경우가 많다. 이때 앞선 맥킨지 직원의 각오로 임하면 메타인지 대화를 이끌어갈 수 있다. 이를 위하여 언제 어디서 맞닥뜨릴지 모르는 발언을 염두에 두고 1분 안으로 핵심 내용만 정리하여 연습하고 또 연습해야 한다. 그야말로 언제든 질문을 받으면 답변이 바로 튀어나올 준비가 되어 있어야 한다. 맥킨지 직원들 또한 나를 거절했던 고객을 만나 마음을 돌리기 위해 말의 내용, 태도, 자세, 눈빛, 표정 등 수없이 반복하고 연습했을 것이다.

그렇지 않고 멍하니 있다가 엘리베이터에 타서는 "아! 저, 안녕하세요. 참 좋은 날이죠? 시간은 혹시 괜찮으신지요. 다름이 아니라…"하고 얼버무리다가는 본론을 꺼내기도 전에, 상대방이 "저, 그런데 이미 도착해서요…"하며 엘리베이터에서 내릴지도 모른다.

🔘 말하기의 '목적'이 중요한 이유

정확한 '목적'을 가지고 만남에 임하면 나의 의도에 맞게 분위기를 끌어갈 수 있을 뿐만 아니라 불필요한 오해를 피할 수 있다.

영업 사원이 내 상품을 반드시 판매하겠다는 목적을 망각하고 고객을 만난다면 어떻게 될까? 나도 모르는 사이 고객의 근황부터 고민거리만 잔뜩 들어주고 오게 될지도 모른다. 상품을 팔기 위해서는 상대방의 이야기를 들어주는 것도 중요하지만 그 이전에 내가 당신을 왜 만나러 왔는지 목적을 정확하게 '전달'하는 것 또한 중요하다. 이는 나에게 귀한 시간을 내어준 상대방에 대한 예의이기도 하다.

목적을 분명히 하지 않고 만남을 이어가면 오해가 생길 수 있다. 오랜만에 보고 싶다는 친구의 연락에 친목 도모 자리인 줄 알고 나갔다가 상품 판매에 대한 이야기를 듣게 된다면 당사자는 기분이 언짢을 수 있다. 친구가 자신에게 영업을 해서가 아니라, 이를 처음에 명확하게 밝히지 않았기 때문이다.

"안녕! 잘 지내지? 혹시 점심식사 편안한 날이 있나 싶어서 연락했어. 오랜만에 얼굴도 보고 최근에 내가 맡은 일이 있는데 너희 회사와도 접점이 있을 것 같아서 일단 소개만이라도 하면 좋을 것 같아서. 내가 그쪽으로 갈게! 괜찮은 날 있으면 두세 날 정도만 보내주라."

서로의 시간과 에너지가 소중하다는 것을 염두에 두고 통화할 때부터 만남의 목적을 명확하게 전달한다면, 친구도 미리 대화 내용을 예측할 수 있고 약속을 정하는 데 있어서도 효율적인 방향으로 결정을 내릴 수 있다. 누구나 살다 보면 어떤 방식으로든 영업을 해야 할 때가 온다. 그럴 때 친구를 100% 고객으로만 보는 사람은 없다. 오랜만에 얼굴도 보고 기왕이면 상품 소개도 같이 하는 것이다. 다만, 부담을 주어서는 안 될 것이다. 상대방을 돕고 배려하겠다는 생각이 배제된 채 나의 의도만 앞세우면 관계는 자연스레 멀어진다.

면접을 볼 때 또한 목적이 분명해야 한다. '이 회사에 붙고야 말겠다!' 이것이 가장 중요한 목적이 되어야 하는데, 이 당연한 목적을 품지 않고 그냥 면접에 임하는 구직자들이 생각보다 많다. 수많은 경쟁자 중 누군가는 지금 목숨을 걸고 면접에 임하고 있다. 이들은 당연히 걸음걸이, 눈빛 등 등장할 때부터 아우라가 다르다. 간단한 질문을 던져보아도 답변에서 차별화가 된다.

🔘 합격하는 면접 말하기

가령, 면접관이 "올 때 뭐 타고 왔어요?" 하고 질문을 건넸다고 가정해보자.

그냥 한 번 경험 삼아 편안하게 면접을 보러 간 사람은 그야말로 의식의 흐름대로 대답할 가능성이 높다.

"아, 저요? 아… 그… 472인가? 버스랑 175인가 버스 두 번 갈아탔고요. 음… 그다음에 지하철로 갈아타서 걸어 왔는데요?"

반드시 합격하겠다는 목적을 인지하고 임하는 사람은 이 평범한 질문도 기회로 만든다.

"아! 네. 먼저, 이렇게 귀한 면접 기회를 주셔서 진심으로 감사드립니다. (예의 바름, 공손한 태도) 어제부터 면접을 앞두고 설레는 마음에 한숨도 못 잤는데요. 새벽에 눈이 떠져서 집에서 일찍 출발하며 대중교통을 타고 왔습니다. (입사하고 싶은 간절한 마음, 성실성) 오는 동안 회사의 최근 이슈들을 정리하면서 제가 꼭 이곳에서 일하면서 실질적으로 도움이 되고 싶다는 생각을 하다 보니 금세 도착했습니다. (철저한 준비성, 주인의식) 다행히 차도 밀리지 않아 여유롭게 도착할 수 있었습니다. (긍정적인 태도)"

이 짧은 답변 안에 본인의 강점을 다섯 가지 이상 어필하였다. 생각해보라. 당신이 면접관이라면 어떤 사람에게 마음이 끌리겠는가? 당연히 우리 회사에 들어오고 싶은 간절한 마음과 성실한 태도가 느껴지는 후자와 일하고 싶을 것이다.

🌑 좋은 만남 속에는 보이지 않는 배려가 있다

친한 친구와의 우호적이고 편안한 만남을 원한다면 우리는 더더욱 만남의 목적을 기억해야 한다. '좋은 시간'이라는 목적을 위해 필요한 것은 무엇일까? 상대방을 '배려'하는 자세가 필수적이다. 배려는 상대방을 매 순간 '바라보아야' 가능해진다.

좋은 시간이라는 목적을 기억하면 상대방에게 기분 나쁜 언행은 하지 않게 된다. 생각 없이 비아냥거리거나 놀리는 말도 나오지 않는다. 좋은 시간을 보내러 나왔다면서 시종일관 무례한 태도로 친구의 마음을 상하게 한다면 유쾌한 만남은커녕 불편한 공기를 맞게 될지도 모른다.

좋은 사람들과의 만남은 편안하다. 보이지 않는 중에 서로에 대한 배려가 함께하기 때문이다. 상대방을 바라보며 내 마음을 먼저 내어주지 않고는 결코 즐거운 시간을 만들어갈 수 없다. 만일, 나는 항상 그냥 편안하게 있었는데도 즐거웠다면 상대방은 마음을 억누르며 맞추어주고 있었는지도 모른다.

누군가를 만났을 때 나를 한 번 더 만나고 싶다는 마음을 주고 싶은가? 적어도 나를 만난 후에 시간이 아까웠다는 소리만큼은 듣고 싶지 않은가?

그렇다면 자리에 나가기에 앞서 오늘 만나는 사람이 어떤 이유로 나를 만나러 나오는 것인지, 나는 어떤 목적으로 저 사람을 만나 소중한 시간을 보내려는 것인지 먼저 고민해보자. 이를 생각하고 만나는 것과 그냥 만나러 가는 것은 전혀 다른 시간을 안겨준다. 만남의 목적을 놓치지 않는 메타인지 대화 안에는 보이지 않는 배려와 노력이 함께한다는 것을 기억하자.

HOW TO **적당한 말하기의 속도**

"저는 말이 너무 빨라 걱정이에요."

강의를 하면서 자주 듣는 고민 상담입니다. 말이 빨라지면 상대방이 나의 이야기를 따라오기 힘들어지고, 급하게 말하다 보면 숨이 차는 어려움을 겪을 수 있습니다. 무엇보다 속사포로 말이 나오면 머릿속 생각보다 입 밖으로 나오는 말이 더 빨라져서 말실수를 할 가능성도 높아집니다. 또박또박 말을 천천히 하고 싶다면 다음의 두 가지를 기억해보세요.

❶ 아이와 노인이 듣기에 편한 속도

어린아이에게 말을 걸 때는 나도 모르게 속도가 느려집니다. 또박또박 친절하게 이야기하게 되지요. 인지력과 이해력이 아직 발달 중인 아이들을 배려하기 위해서입니다. 할머니, 할아버지께 길을 말씀드릴 때도 마찬가지입니다. 속도는 느릿느릿, 목소리는 큼직큼직하게 말씀드리게 됩니다. 이 또한 정확하게 전달하고자 하는 마음에서 나오는 행동입니다.

발표 자리에 선다면, 말을 잘하고 싶은 상대방을 만난다면 내 앞에 아이나 노인이 있다고 생각해보시기 바랍니다. 속도가 빨라지는 것을 방지하실 수 있을 거예요. 그러나 웬만큼 느리게 한다고 마음먹어서는 안 됩니다. 긴장이 되면 일단 평소보다 말하기 속도가 빨라지기 때문에 그야말로 2배, 3배는 느리게 말한다고 생각해야 1.5배 정도 늦춰질 거예요. 말하기에 있어 '속도'만큼 메타인지가 이루어지기 어려운 분야도 없습니다. 차분하게 말하기 위해서는 이야기를 하는 중에도 매 순간 스스로 모니터링하며 나의 말하기 속도를 점검해보는 노력이 필요합니다.

아나운서 합격 Tip!

아나운서 카메라 테스트를 준비할 때 원로 아나운서께서 합격 팁으로 들려주신 말씀이 있습니다. 모두가 긴장되어 빠르게 말할 때 반드시 천천히, 차분하게, 사이사이에 쉼을 주며 원고를 낭독하라는 조언이셨습니다. 느릿하게 말하는 것만으로도 시선을 끌 수 있으며, 자신감 넘치고 품격 있는 말하기를 할 수 있다는 말씀도 더해주셨습니다.

속도를 늦추어주는 것만으로도 합격 가능성을 높일 수 있다니, 긴장되는 순간에 차분하게 말하는 것이 얼마나 어려운 일인지 실감이 되시지요? 직접 목소리를 녹음하여 실제 나의 말하기를 들어보시면 보다 객관적으로 속도를 파악하는 데 도움이 되실 겁니다.

❷ 내가 말하는 것을 스스로 인지할 수 있는 속도

더불어, 내가 말하는 것을 스스로 인지할 수 있는 속도가 이상적이라는 것을 기억해주셨으면 합니다. 이는 궁극적으로 '메타인지'가 이루어지는 말하기 속도와도 같은데요. 내가 말하는 것을 인지하면서 이야기하라니, 표현이 좀 어렵지요? 좀 더 쉬운 이해를 위하여 문장 하나를 예시로 준비해보았습니다. 먼저, 다음 문장을 편안하게 한번 소리 내어 낭독해보시기 바랍니다.

삼 더하기 오 나누기 이 더하기 일은 무엇일까요?

어려운 단어는 없으셨지요? 수월히 읽으셨으리라 생각됩니다.

다음은 조금 다른 요청을 드리고자 합니다. 같은 문장을 그냥 낭독하는 것이 아니라, 말하는 동시에 '암산(暗算)'을 하면서 소리 내어 읽어보시는 겁니다. 계산을 할 때는 말하는 순서대로 연산하시면 됩니다. 문장을 모두 말씀하신 뒤에는 곧바로 수학 문제의 정답을 말씀해주셔야 합니다. 자, 준비되셨죠? 그럼 바로 시작하겠습니다!

삼 더하기 오 나누기 이 더하기 일은 무엇일까요?

정답! 외치셨나요? 네. 정답은, 숫자 5입니다.

여러분 혹시 어떠셨나요? 편안하게 읽었던 앞선 낭독과 수학 계산을 하면서 말씀하셨던 뒷부분 속도의 차이를 생생하게 느끼셨나요?

혹시 옆에 휴대폰이 있다면 녹음기를 켜신 뒤 앞의 낭독과 뒤의 암산 버전을 각각 녹음해보시기 바랍니다. 그리고 시간을 비교해 보세요.

저의 경우, 편안하게 낭독한 문장은 5초가 걸렸고요. 암산하며 읽은 말하기는 4초가 늘어난 9초가 소요되었습니다. 말을 하면서도 확실히 머리로 '생각'하며 이야기할 때는 속도가 느려지는 것을 실감할 수 있었습니다.

수학 암산을 닮은 메타인지 말하기

메타인지 말하기는 수학 암산을 닮았습니다. 암산을 할 때 우리가

'생각'을 하면서 속도를 늦추는 것처럼, 말을 할 때도 매 순간 '인지'하며 살펴본다면 속사포처럼 속도가 빨라지는 것을 막을 수 있습니다.

나에게는 익숙하지만 듣는 사람에게는 생소한 주제를 설명할 때 특히 이 두 가지 속도를 기억해주세요. 내게는 당연하고 쉬운 이야기가 상대방에게는 처음 듣는 용어와 개념들로 어렵게 느껴질 수 있습니다. 중간중간 궁금한 점이 있는지 확인하며 천천히 전달하신다면, 상대방도 배려하고 나의 말하기에도 힘을 싣는 품격 있는 말하기를 하실 수 있습니다.

2

말 잘하려는 이유

"말을 왜 잘하고 싶으세요?"

수업 시간 질문을 드리면 다양한 답변이 나온다. 호감 있는 인상을 주기 위하여, 좋은 인맥을 형성하기 위해서, 위기 대응을 잘하고 싶어서, 사람들에게 오래 기억되기 위하여, 성과를 높이기 위해서 등 다양하다.

이때 말을 잘한다는 것은 단순히 내 입장에서 말이 잘 '전달'되는 것만을 의미하지 않는다. 내가 전한 말에 의하여 상대방의 마음이 움직이고, 이로써 '행동 변화'까지 일어나야 진정 말을 잘했다고 이야기할 수 있다.

변호사가 법정에 서서 아나운서, 성우처럼 말을 조리 있게 잘한다고 해보자. 그러나 정작 재판 때마다 승소를 못 한다면 어떨까? 고객들은 말솜씨가 떨어지더라도 확실하게 나의 문제를 해결해줄 수 있는 변호사를 찾아갈 것이다.

우리나라 역사에서 '세 치 혀'로 거란족을 물리침으로써 말을 잘하는 대표 인물로 꼽히는 서희. 그러나 어느 문헌에서도 서희의 발성과 발음, 무대 매너를 다루고 있지 않다. 서희가 40만 대군 거란족을 물리치고 강동 6주를 얻은 비결은, 협상 자리에서의 뛰어난 말솜씨 이전에 양국 간의 정세를 정확히 읽어낸 통찰력 있는 외교 전략 덕분이었다.

🔵 말을 잘한다는 것의 의미

말을 잘한다는 것은 청산유수처럼 듣기에 좋은 말을 거침없이 들려주었느냐에 따라 결정되지 않는다. 말하는 목적을 얼마나 잘 '달성'했느냐에 달려 있다. 단순히 내용을 전달하는 것을 넘어 상대방이 실제로 상품을 '구매'하고, 행동이 '변화'하고, 실력이 '향상'되었을 때 그 말은 역할을 충실히 이행한 것이 된다.

스스로 잘 알고 있는 것과 본인이 아는 내용을 상대방에게 이해하기 쉽도록 설명해주는 것은 다르다. 사법고시에 합격한 사람보다 여러 번 낙방한 사람이 수업을 더 잘할 수도 있는 이유다. 주위를 보면 이렇게 유난히 '가르치는 것'을 잘하는 사람들이 있다.

이들의 특징 중 하나는 매 순간 '상대방'에게 초점을 맞추고 있다는 점이다. 가르치는 학생의 학습 단계와 그날의 수업 분위기에 따라 가르치는 내용과 어투가 변화한다.

● 상황에 따라 말하기의 스타일도 달라진다

tvN 〈유 퀴즈 온 더 블럭〉(이하, 유퀴즈)에 출연했던 영어 스타강사 이명학 씨는 수강생의 '학습 수준'에 따라 달라지는 수업 스타일에 대해 이렇게 소개하였다.

중하위권인 경우 시간이 길게 늘어지면 집중력이 흐트러진다. 그래서 중간중간 '유머' 처방을 한다.

상위권의 경우 학습적인 호기심을 유인하면서 수업을 진행한다. 상위권 학생들은 유머를 들려주면 곧바로 다른 공부나 숙제를 시작하기 때문에 농담 없이 수업에 집중해야 한다.

최상위권의 경우는 사실 수업이 필요 없다. 본인이 스스로 잘하기 때문이다. 그래서 주로 "오지 마라. 넌 왜 와 있니?" 하는 이야기를 들려주고, "불안해서 왔어요" 하면 "그래. 지금 네가 하고 있는 게 맞아" 하며 확인을 시켜준다.

학습 목표 및 수강생의 학습 수준에 따라 달라지는 강의 내용을 위해 매일 열 시간이 넘도록 준비한다는 그를 보면서, 학생들이 멀리서도 찾아오는 이유를 알 수 있었다.

20년이 넘도록 영어를 가르쳐온 이명학 강사가 지문을 해석하기 위해 열 시간 동안 책상에 앉아 있는 것은 아닐 것이다. 주어진 내용을 어떻게 하면 학생들에게 쉽고 이해가 잘 되도록 알려줄 수 있을지 고민하다 보니 학생들의 눈높이에 맞춘 강의안을 구성하느라 시간이 많이 소요되는 것이다. 회사에서 보고 브리핑 및 프레젠테이션을 할 때도 해당 발표를 듣는 사람이 '누구'인가에 따라서 발표 내용은 그때그때 달라져야 한다.

● 말하기의 주인공은 내가 아닌 '청중'

발표를 할 때 '내'가 돋보이고 싶은 마음으로 무대에 서면 보는 사람들도 금세 알아차린다. 끊임없이 본인을 의식하며 신경 쓰는 것이 말투와 몸짓에서 드러나기 때문이다.

강의를 들으러 갔는데 강사가 수업 중간중간 건너편 거울을 보며 본인의 헤어스타일과 외모를 점검한다면 학생들은 수업에 집중하기 어렵다. 강사의 자아도취한 모습에 웃음을 참느라 불필요한 에너지만 쓰게 된다. 나는 유익한 '정보'를 얻기 위해 특강을 신청했는데 연사가 본인의 화려했던 이력과 경험만 늘어놓는다면 실망하고 후회하게 된다.

발표자가 무대에 설 때는 '청중'들이 무엇을 기대하며 이 자리에 왔는지 '목적'을 분명히 하고 니즈를 충족하기 위해 최선을 다해야 한다. 선생님이라면 강의를 통해 학생의 점수가 '상승'해야 할 것이며, 면접을 보는 사람은 나의 발언을 통해 '합격'을 해야 할 것이다.

영업을 하러 갔다면 나의 소개를 통해 고객이 '구매'를 결정해야 한다. 강연을 했다면 내가 그토록 나누고 싶던 이야기를 통해 청중들에게 실질적인 '변화'가 있어야 할 것이다.

말하는 이유를 명확히 설정하고 이를 기반으로 '청중'을 위한 말하기를 해나간다면 스타강사처럼 사람들이 나를 오래도록 기억해주고 먼저 찾는 연사가 될 것이다. 지금 내가 이 말을 하려는 '이유'만 분명히 알고 있어도 당신은 이미 메타인지 말하기를 잘하는 사람이다.

HOW TO 상대방을 주인공으로 삼는 말하기

목적 : 음식이 얼마나 맛있는지 소개한다

(미식가 대상) 여기 이 바닷가재 요리에 최고급 올리브유와 태평양에서 공수해온 소금으로 간을 살렸기 때문에 특별히 고급스러운 향미가 느껴지실 겁니다.

(아이 대상) 이거 한번 먹어볼래? 곰돌이 젤리랑 초콜릿보다 훨씬 맛있는 거야.

(남동생 대상) 포르쉐, 람보르기니 한번 타는 것보다 이 음식 한번 먹어보는 게 더 행복할걸?

(할머니 대상) 할머니, 저기 김 사장님이 하는 방앗간서 한 참기름보다 훨씬 맛난 오일로 만든 거예요. 먹으면 바로 입에서 사라진다니까요? 한번 드셔보셔요.

목적 : 횡단보도가 필요한 이유를 설명한다

(상사 대상) 다음 설문조사 결과를 보시면 시민들의 90% 이상이 시청 앞 횡단보도 부재로 불편함을 겪고 있으며 작년 한 해 동안 무단 횡단으로 인한 사고가 100건에 달한다는 것을 보실 수 있습니다.

(노인 대상) 할아버지, 거 여기 한번 오실라며는 쩌리로 갔다가 또 육교 건넜다가 한참 걸어오시느라 힘드시지요? 이번에 이 횡단보도가 만들어지믄 그냥 여기서 요리로 한방에 오실 수 있어요.

(학부모 대상) 어머니, 공사로 당분간은 조금 불편하시겠지만요. 우리 아이들 안전이 제일 중요하잖아요. 작년에 여기서 고학년 아이들이 무단횡단하다가 열 명 넘게 교통사고가 났어요. 아이들을 위해서 꼭 조속히 처리할 테니까요. 조금만 믿고 기다려주시겠어요?

Tip! 이 말을 하는 '목적'이 무엇인지, '상대방'이 자주 쓰는 언어는 무엇인지, 이로 인해 당사자가 얻을 수 있는 '이점'은 무엇인지 먼저 생각한 뒤 말씀해주세요!

3

원하는 것을 얻으려면
그때마다 이미지가 필요하다

몇 년 전 JTBC에서 방영되었던 〈효리네 민박〉을 보며 이효리 씨가 어떻게 최고의 스타가 되었는지 느낄 수 있었다. 그동안 TV에서 주로 화려한 모습을 보여주었던 그녀는, 민박집 주인으로 오랜만에 대중들에게 인사하면서 화장기 없는 소탈한 모습을 보여주었다. 정신없는 일상을 벗어나 잘 먹고 잘 쉬는 모습을 보여준다는 제작 의도에 딱 맞는 친근한 이미지로 인사한 그녀는 "역시 이효리다!" 하는 찬사를 들으며 4년 만에 멋지게 컴백했다.

🔘 스타들은 이미지 변신의 귀재다

대중의 사랑을 받는 스타들은 카멜레온과도 같다. 맡은 역할과

주어진 상황에 따라 이미지 변신을 어찌나 잘하는지 때로는 전혀 다른 사람이라고 느껴질 정도다.

얼마 전 〈SNL 코리아〉에 스타 배우 이병헌, 조정석, 하지원 씨 등이 출연한 방송을 보았다. 영화나 드라마에서 보던 것과는 전혀 다른 코미디 연기를 펼쳤는데 '톱스타 맞아?' 싶을 정도로 망가지는 모습에 놀라며 박장대소했다. 프로그램 성격에 맞추어 코믹 연기마저도 프로페셔널하게 해낸 덕분에 시청자들은 큰 웃음을 얻었고 "호감이다", "이 방송으로 더 좋아졌다!" 하는 우호적인 댓글이 달리며 이들의 인기는 더욱 상승하였다.

스타들은 상황에 맞는 이미지를 잘 연출할 줄 안다. 그때그때 자연스럽게 현장에 녹아든다. 이슬만 먹을 듯한 스타들도 예능에 나와서는 진솔하고 털털한 모습을 보여준다. 그럴 때면 친근함에 호감도도 높아진다.

🔘 일도 잘하고 놀기도 잘하는 사람

회사에서 인기 있는 사람들은 일도 잘하고 워크숍에 가면 분위기도 잘 띄운다. 일할 때는 카리스마 있는 모습으로 맡은 업무를 정확히 해내고 편안한 자리에서는 확실하게 망가질 줄도 안다. 상황에 맞는 찰떡 이미지를 보여주는 이들을 사랑하지 않기도 어려울 것이다.

이런 것이 꼭 넉살 좋은 성격 덕분만은 아닐 것이다. 이는 사회생활을 잘하고자 하는 '노력'의 일환이다. 어느 누가 망가지는 것을 즐거워하겠는가! 기왕이면 앉아서 쉬고 싶지 나서서 분위기를 띄우고 싶어 온몸이 근지러운 사람은 없다. 내가 속한 조직에서 사람들과 잘 지내고 원활한 소통을 하기 위해 상황에 따라 선호되는 이미지로 변신하는 것이다. 때와 장소에 잘 어우러지는 사람은 동료들에게 인기가 많고 영업도 잘한다.

🔵 이미지를 만드는 것은 거짓이 아니다

'이미지를 만든다'고 하면 어쩐지 인위적이고 부정적인 뉘앙스로 다가오기도 한다. 그러나 상황에 적합한 이미지를 연출하는 것은 거짓된 모습을 보이는 것이 아니다. 이는 함께하는 이들과 편안하게 호흡을 맞추고자 하는 '노력'의 일환이기도 하고, 나의 의지를 표현하는 '수단'으로써의 역할을 하기도 한다.

'이미지'라고 하면 작품마다 콘셉트가 바뀌는 연예인들에게만 해당하는 이야기 같지만 누구나 무의식적으로 이미지를 만들며 살아가고 있다. 집에 있을 때와 친구를 만날 때, 회사에 있을 때의 이미지가 똑같은 사람은 없다. 누군가에게 아프다는 말을 할 때는 목소리에 힘을 쪽 빼고, 대화 중 헛기침을 하기도 한다. 장난감 가게에서 물건을 사달라는 아이들의 표정은 어떤가! 해맑게 웃으며 씩씩하게 부탁하는 아이들은 없다. 한껏 불쌍한 표정으로 "한 번만요"하며 장화 신은 고양이 눈으로 부모를 바라본다. 나쁜 의도가 없는 순수한 아이들도 원하는 것을 얻기 위해서는 자연스럽게 시시각각 달라지는 이미지를 보여준다.

'이미지라는 건 가식적이야. 나는 언제나 진짜 내 모습만을 보여주겠어!'라며 남을 의식하지 않고 살아가는 사람도 생존을 위한 자리에서는 목적을 달성하기 위한 말투와 눈빛, 태도로 본인도 모르게 변화한다. 적어도 합격하고자 하는 면접 자리에, 매일 입는 늘어난 츄리닝에 부스스한 머리로 찾아가는 사람은 없다.

🔘 이미지는 '배려'이자 '의지'의 표현

같은 물건을 사더라도 기왕이면 깨끗한 차림새와 반듯한 자세로 응대를 하는 직원에게 구매하고 싶은 것이 인지상정이다. 이는 고객에 대한 기본적인 '예의'와도 같기 때문이다. 소개팅을 하러 나갔는데, 한 시간 넘도록 신경 써서 준비한 나와 달리 상대방은 대충 모자를 눌러쓰고 나와 구부정한 자세로 다른 곳만 바라보고 있다면 무례한 느낌이 들 것이다. 이미지는 상대방에 대한 '배려'이자 내가 잘해보고 싶다는 '의지'의 표현과도 같다.

지금 내가 하는 말에 힘을 싣기 위해서는 일단 상대방에게 긍정적인 인상을 주는 것이 중요하다. 그래야 마음을 열고 나의 이야기에 귀 기울이기 때문이다. 그러니 '이미지를 만든다'는 말에 편견을 버리고 이제부터 적극적으로 상황에 맞는 이미지를 연출해보자.

그날 모이는 사람들이 가장 좋아하는 이미지는 무엇일까?

그날 내 역할에 대하여 사람들이 기대하는 이미지는 무엇일까?

그동안 아무리 노력해도 뜻대로 이루어지지 않았던 일들.

알고 보면 그 자리에서 선호되는 이미지를 고민해보지 않았기 때문인지도 모른다. 목적 달성을 돕는 메타인지 말하기는 상황에 맞는 이미지와 함께할 때 그 효과는 배가된다.

HOW TO 말할 때는 반드시 '눈'을 바라봐주세요

아이 콘택트의 중요성은 누구나 알고 있습니다. 실제로 '눈'을 마주 치면 아드레날린 분비량이 늘어나고 심장박동이 빨라지며 상대방에 대한 호감도가 높아진다고 해요. 그러나 실제로 대화할 때 '눈'을 마주치지 않는 사람이 의외로 많습니다. 부끄럽다며 괴로워하는 분들도 계세요.

사실, 처음 보는 사람과 '눈'을 마주친다는 것은 무척 쑥스러운 일입니다. 하지만 나의 메시지를 잘 전달하기 위해서는 반드시 상대방과 청중의 '눈'을 바라보고 이야기해야 합니다. 눈을 보지 않고 하는 대화는 소통이 어렵습니다. 전달력과 신뢰도도 떨어집니다.

수업할 때 저는 수강생들의 눈을 일부러 더 열심히 바라보는데 요. 열 명 중 여덟 명은 민망해하며 시선을 피하거나 고개를 숙이며 웃으십니다. 그러면 저는 말씀드립니다.

"처음 보는 사람이 부담스럽게 계속 쳐다보니까 민망하시죠? 그러니 저는 지금 얼마나 부끄럽겠어요. 하하하. 그래도 제 눈 좀 바라봐주세요. 여러분, 이게 연습의 시작입니다!"

아이 콘택트는 자신감과 신뢰감의 표현

10년 전 낙방했던 최종 면접 자리가 아직도 생생합니다. 마지막 대표 면접이었는데요. 떨리는 마음으로 면접장에 들어가 보니 면접자 의자가 대표님 바로 앞에 놓여 있었습니다. 자리에 앉아 정면을 바라보니 사진에서만 보던 분의 두 눈동자가 저를 뚫어지게 쳐다보고 계셨죠. 그때부터 어찌나 긴장이 되던지 심장이 쿵쾅 뛰고 처음 보는 분과 가까이 앉아 이야기를 나누려니 쑥스러운 마음마저 들었습니다. 제 눈을 응시하며 보시는 것이 민망하여 중간중간 시선을 돌리기도 하였지요.

지금 생각해보면 탈락한 것이 당연하다는 생각이 듭니다. 수많은 사람들 앞에서 당당하게 진행해야 할 아나운서가 바로 앞에 앉아 있는 사람과 눈을 못 마주치면 안 되겠지요? 아이 콘택트는 자신감과 신뢰감의 표현입니다. 어쩌면 저는 그날 자신감이 부족했다는 것이 더 정확한 표현인지도 모르겠습니다. 이날의 경험은 큰 가르침이 되었고 그날 이후로 저는 아무리 부끄러워도 시선을 먼저 피하지 않으려 노력했습니다. 지금은 애쓰지 않아도 자연스럽게 눈을 보며 대화하는데요. 경험을 통해 자연스럽게 자신감이 쌓인 덕분이란 생각이 듭니다.

물론, 아이 콘택트를 한다고 해서 10초 동안 뚫어지게 상대방의 눈을 피하지 말라는 의미는 아닙니다. 이렇게 바라본다면 눈싸움을 하자는 것도 아니고, 상대방도 왠지 무서워질 수 있겠지요? 한두 문장 정도 말을 한 뒤에는 잠시 코나 인중 쪽을 바라보시거나,

가끔씩 시선을 자연스럽게 아래쪽을 보셨다가 다시 눈을 바라보는 것도 괜찮습니다.

리더의 기본 요건, 아이 콘택트

세상을 휘어잡겠다며 코칭을 받으러 온 A씨. 그러나 제가 계속 눈을 마주치려고 해도 자꾸 허공을 보시거나 제 옆쪽을 보시는 것을 발견했습니다. 그래서 힘주어 말씀드렸습니다. 매력적인 리더가 되기 위해서는 발성, 발음 연습을 하시는 것도 중요하지만 일단 말씀하시는 내내 상대방의 '눈'을 보는 연습을 하셔야 한다고 말입니다. 그래야 말에 힘이 생기고 자신감을 표현할 수 있으니까요.

오래전 대통령에 출마했던 한 정치인의 지지율이 토론회 출연 직후 떨어진 적이 있습니다. 많은 전문가들은 그 원인으로 '아이 콘택트'을 하지 않은 것을 꼽았습니다. "국민 여러분 고맙습니다. 국민 여러분 사랑합니다" 하고 말은 하면서도 눈과 손은 단상 위의 대본을 정리하느라 바빴던 것입니다. 고맙고 사랑한다는 연인이 정작 내 눈을 바라봐주지 않는다면, 진심이 느껴지기 어렵겠지요?

잘못된 아이 콘택트로 거리 유세 중 오히려 팬을 잃은 안타까운 사례도 있습니다. 워낙 인기가 많아 유세장마다 군중을 몰고 다닌 B 의원. 그날도 B 의원과 악수를 하기 위해 수많은 사람들이 줄을 서서 기다리고 있었는데요. B 의원은 임무를 완수하기 위해 초스피드로 악수를 하고 현장을 떠납니다. 그런데 그와 악수를 한 사람들의 마음이 이상하게 좋지 않았다고 합니다. 이유는 무엇일까요?

마음이 바쁜 B 의원이 급하게 악수를 하면서, 손을 잡은 사람을 바라보지 않고 계속 그다음 사람의 눈을 보며 인사했기 때문입니다. 빨리 악수를 하고 떠나야 하는 다급한 마음은 이해하지만, 그를 만나기 위해 한참을 기다린 사람들 입장에서는 눈을 마주치지 않고 손만 급하게 잡고 떠나는 모습을 보며 진정성을 느끼기는 어려웠을 것입니다.

아이 콘택트는 진정성의 표현

상대방을 만나 나의 진심을 전하고 싶다면, 청중에게 진정성 있는 발표를 하고자 한다면 반드시 사람들의 '눈'을 보셔야 합니다. 손에 들고 있는 대본은 청중이 아닙니다. 자료와 PPT만 바라보며 말하는 사람의 발표는 진정성도 덜 느껴질뿐더러 자신감 또한 낮아 보입니다. 만일, 본론의 내용이 너무 어려워 자료를 꼭 보셔야 한다면 적어도 시작하는 '인사 멘트'만이라도 사람들의 '눈'을 바라보며 말씀해보시기 바랍니다.

"여러분 안녕하세요. ○○○입니다. 오늘 이렇게 좋은 날 여러분을 뵙게 되어 영광입니다. 최선을 다해 발표하겠습니다."

이렇게 나의 소감을 담은 문장마저도 종이를 보며 말한다면, '저 사람은 그냥 대본을 읽는 거구나?' 하는 오해를 줄 수 있습니다. 진심 어린 '마음'도 중요하지만 이를 잘 '표현'할 필요도 있습니다.

모쪼록 마음의 창인 '눈'의 소통으로 더욱 깊고 진정성 있는 소통을 나누시길 바라겠습니다.

4

영화 〈킹스 스피치〉에서
배우가 말을 코칭하는 이유

말을 잘하고 싶은 사람, 말에 관심이 있는 사람이라면 영화 〈킹스 스피치〉를 추천한다. 말더듬이로 유명했던 영국 조지 6세와 그의 스피치 코치 이야기가 실화를 바탕으로 구성되어 있다. 개인적으로 두 사람이 신뢰를 쌓아가며 훈련을 해나가는 여정을 공감하며 재미있게 보았다.

영화 내용 중 흥미롭게 다가온 것은, 나이가 지긋한 언어 치료사의 원래 직업이 '연극배우'였다는 점이다. 그는 국가에서 공인받은 스피치 전문가는 아니었지만 연극을 했던 노하우를 바탕으로 내로라하는 전문가들도 해결하지 못했던 조지 6세의 말더듬이 증상을 고쳐 나간다.

대관식을 앞두고 두 사람이 실제 장소를 찾아가는 장면이 있다. 보기만 해도 중압감이 느껴지는 웅장한 곳이었는데, 누구라도 저 자리에 서면 긴장이 될 듯했다. 이곳에서 스피치 코치는 마치 연극 무대에 서는 배우를 가르치듯 조지 6세를 코칭한다.

"자! 이 순서 다음에 바로 저기서 등장하시는 겁니다! 이제 시작해보세요. 큐!"

조지 6세가 연습 연설을 마치면, 스피치 코치는 이어지는 행사 순서를 말해주며 당일 실전 무대를 미리 실감할 수 있도록 도와준다. 이 장면을 보면서 무릎을 탁 쳤다. 이것이야말로 말을 잘할 수 있도록 도와주는 효율적이고도 적극적인 방법이기 때문이다.

🔵 말하기에 앞서 연극배우처럼 준비해보자

말을 잘하기 위해서는, 이처럼 전체적인 동선을 상상하며 연극배우처럼 연습해보는 것이 도움이 된다. 발표가 예정된 장소에 가서 똑같이 리허설을 해본다면 금상첨화다.

이는 비단 특별한 발표가 있을 때만 해당하는 것이 아니다. 매일 누군가를 만나기 전에도 이렇게 무슨 말을 어떤 식으로 할지 혼자서 연습해보면 좋다. 실제로 우리의 삶은 연극과 닮아 있다. 우리는 누군가를 마주하는 순간부터 상대방에 따라 혼자 있을 때와는 조금씩 다른 모습을 보여준다.

연극 (演劇) [명사]

1. [연기] 배우가 각본에 따라 어떤 사건이나 인물을 말과 동작으로
   관객에게 보여 주는 무대 예술.
2. 남을 속이기 위하여 꾸며낸 말이나 행동.

보통 '연극 같다'라고 하면 국어사전의 2번 뜻풀이처럼 꾸며낸
연기 같다는 의미로 많이 쓰인다. "지금 연극 하는 것도 아니고. 연
기하지 마"처럼 말이다. 내가 말하고자 하는 것은 1번 '무대 예술'을
의미하는 순수한 연극이다. 우리는 매일 나도 모르는 새 1번의 연극
을 펼치고 있다.

삶이라는 연극 무대에 선 배우

당신은 친구와 말할 때와 상사와 말할 때 말투가 똑같은가? 말투
뿐만 아니라 태도도 달라질 것이다. 가슴 뛰는 상대에게 사랑을 고
백할 때와 단짝 친구와 대화할 때 모습이 똑같은가? 그야말로 사랑
하는 연인 앞에서는 나도 처음 보는 다정한 말투로 이야기를 건네
고 있을 것이다. 면접을 볼 때 면접관에게 마치 부모님께 말하듯 대
답을 하는가? 이제껏 이렇게 공손한 모습을 보지 못했을 정도로 예
의 바른 태도로 답변을 할 것이다.

사람은 내가 처한 상황에 따라 각 자리의 무대에 맞는 배우의 역
할을 수행하고 있다. 이것은 당연하고 자연스러운 일이다. 다른 사
람들 눈에 비치는, 실제 나의 성격과 또 다른 나의 모습을 '페르소

나'라고 한다. 〈가시나무〉 노래의 가사 "내 속엔 내가 너무도 많아"
처럼 한 사람 안에는 다양한 페르소나가 있다. 이것은 거짓된 모습
이 아니다. 그때그때 상황에 따라 최선의 노력을 다하는 모습이다.

⬤ 신(scene)마다 다른 페르소나의 등장은 프로페셔널함이다

얼마 전 한 지인을 만났는데 최근에 입시를 앞둔 자녀와 나눈 이
야기로 걱정이 된다고 하여 들어보았다. 요즘 따라 학교에 다녀오면
엄마 앞에서 웃지도 않고 퉁명스러운 모습을 보이기에 나중에 면접
을 볼 때도 그렇게 할 거냐고 물었더니 밖에서는 활짝 웃으며 잘하고
있으니 걱정 안 하셔도 된다고 답했다는 것이다. 지인은 아이가 안팎
으로 다른 모습으로 살아도 되는지 모르겠다며 고민을 토로했다.

그래서 나는 웃으며 아이가 최선을 다해서 잘살고 있는 것이라고
답해주었다. 더불어 물어보았다. 지인분도 부모님 앞에서는 밖에서
와 달리 무척 편안한 모습이지 않느냐고 말이다. 그러자 호탕하게
웃으며 맞다고 하였다.

면접을 보거나 일할 때 미소 지으며 상냥한 사람이 되기 위해 노
력하는 것은 가식이 아니다. 이는 내가 지원한 자리에 걸맞게 일을
잘 해내기 위한 프로페셔널함이다. 물론, 거짓말을 하거나 억지 행
동을 해서는 안 될 것이다. 그러나 때와 장소에 따라 그 자리의 역할
에 맞게 나의 캐릭터가 조금씩 변화하는 것은 당연한 일이다. 이런
이야기를 듣자 지인은 활짝 웃으며 마음이 뻥 뚫린 듯 시원해졌다
는 말을 해주었다.

● '나'라는 틀에서 벗어나자

어떤 상황에서든 유연하게 말을 잘하기 위해서는 삶이라는 무대에서 다양한 역할을 '자유롭게' 소화하는 연극배우가 되어야 한다. 장르에 따라, 배역에 따라, 신의 장소에 따라 자연스럽게 해당 인물에 녹아들 수 있어야 한다.

이를 위해 필요한 것은 '나는 원래 이런 사람이야', '내가 어떻게 이런 걸 해?' 하는 고정관념에서 벗어나는 것이다. 본인 혹은 주위 사람들이 규정 지은 나의 모습에 갇혀버리면 배역들을 자유롭게 소화할 수 없다. 예상치 못한 변수들이 두려움으로 다가온다.

● 지하철 1호선 첫차 맨 앞 칸

새벽 라디오 방송을 진행했을 때 제시간에 스튜디오에 도착하기 위해서는 지하철 1호선 첫차 맨 앞 칸에 타야 했다. 그래야 서울역에 도착했을 때 에스컬레이터 바로 앞에 문이 열려 재빨리 3번 출구로 올라갈 수 있었기 때문이다.

처음으로 첫차를 타러 가던 날 어둑어둑한 길을 나서면서, 나는 새벽을 여는 고독한 잔 다르크가 되었다. 청취자들의 하루를 힘차게 열기 위해 나홀로 텅 빈 열차에 앉아 사명감을 안고 출근하는 여전사의 마음으로 지하철을 기다렸다.

세찬 바람과 함께 열차가 도착하고 문이 열렸는데, 어라? 자리가 없었다. 첫차를 타고 일터로 나서는 사람들로 꽉 찼던 것이다. 게다가 역에 도착할 즈음에는 어깨에 멘 가방을 내려 품에 꼭 안아야 했다. 내리는 사람이 너무 많아서 에스컬레이터 앞줄에 서기 위해서는 누구보다 빠르게 뛰어야 했기 때문이다. 모두 나처럼 다섯 시 반 출근인지, 문이 열리자마자 너 나 할 것 없이 전속력으로 달리기 시작했다.

어떤 일을 하기에 앞서 나 자신이 너무나 대단하다는 생각이 밀려와 맡은 역할에 집중이 안 될 때면 지하철 1호선 첫차 맨 앞 칸 동지들을 떠올린다. 열차문이 열리자마자 100m 달리기를 하며 정신 없이 뛰어 올라가던 힘찬 발소리를 떠올리면 세상에 못 할 일도 없단 생각이 들기 때문이다. 나는 잔 다르크가 아니었다. 모두가 각자의 삶의 무대에서 최선을 다하며 그렇게 살고 있다.

🔴 연극배우로서 상황을 분석해보자

이제부터 당신은 티켓 오픈만 하면 5분 만에 매진을 기록하는 초특급 연극배우다. 오늘 대본을 살펴보니 집에서 일어나 준비한 뒤 회사에 출근하여 중요한 프레젠테이션을 한 다음 저녁에는 부모님의 칠순 잔치에 참석하는 신이다.

각 신에서 나는 어떤 모습과 말투, 태도로 임해야 관중들도 나도 자연스럽고 만족스럽게 연극을 즐길 수 있을까?

먼저, 집에 있는 신은 그야말로 자연스러움이 중요하다. 배우이지만 화장은 하지 않고 최대한 편안한 파자마를 소품으로 준비해본다. 가족들에게는 굳이 우렁차게 또박또박 말하지 않아도 괜찮다. 사랑을 담은 표정으로 눈을 마주치고 대화를 나눈 뒤 출근할 준비를 한다.

다음 신은 회사 사무실이다. 특별히 오늘은 중요한 프레젠테이션이 있다. 의상부터 헤어스타일, 걸음걸이, 말투, 시선 처리 등 신경쓸 점이 많다. 대본을 보니 이날 프레젠테이션은 성공적으로 마무리된다. 그렇다면 더욱 프로페셔널하게 내 모습을 연출해야 한다. 정장을 입고 구두를 신는다. 헤어스타일도 단정하게 하고 무엇보다 발표장에 등장할 때부터 자세와 표정에 당당함을 싣는다. 허리를 곧게펴고 힘찬 걸음걸이로 입장한다. 프레젠테이션 신을 연기할 때는 더욱 우렁찬 목소리로 또박또박 차분하게 말한다. 이번 신은 관중들에게 빈틈없이 완벽하게 보이는 것이 중요하다. 미리 동선 체크를 하고 들어갈 때와 나올 때의 장소도 명확히 확인해본다.

오늘의 마지막 신은 아버지의 칠순 잔치다. 환하게 웃으며 무대에 등장한다. 말투는 한결 편안해졌으며 발음도 회사에서보다는 덜정확하다. 너무 꼿꼿하게 긴장하고 있으면 식구들도 불편하다. 이번신에서만큼은 편안하고 친근한 모습을 보여주는 배우가 되어본다.

어땠는가? 배우의 모습으로 바라보니 각 상황에 맞는 이미지도더욱 생생하게 그려지지 않는가? 각 자리에 어울리는 나의 캐릭터를 미리 상상하여 준비해보는 것은 나뿐만 아니라 주위 사람들을배려하며 의미 있는 시간을 보내는 데도 도움이 된다.

내가 만일 영업 사원이라면

만약 영업 사원이라면 어떨까? 고객을 만나기 위해 문을 여는 순간부터 스탠바이 큐! 무대가 시작된다고 보면 된다. 고객은 대화를 시작하기 이전에, 내가 멀리서 등장할 때부터 나를 바라보고 있다. 따라서 나올 때부터 자세를 곧게 펴고 당당한 미소를 지으며 배역에 맞는 모습을 보여주어야 한다. 자신감 있게 등장한 뒤에는 세심하게 고객에게 관심을 기울여야 한다. 뛰어난 배우는 상대 배우의 대사와 움직임에 집중한다. 상대방이 원래 대사와 다르게 말을 하더라도 당황하지 않고 거기에 맞는 애드리브를 구사한다. 그 순간에 집중하고 있는 덕분이다. 고객을 만나는 영업 사원도 마찬가지다. 완벽한 준비와 함께 시시각각 상대방에게 집중하며 예기치 못한 질문에도 유연하게 대처할 수 있어야 한다.

🔘 내 역할을 베테랑 배우가 연기한다면 어떤 모습일까?

정치인 코칭을 할 때 연설문 수업을 진행한다. 이론 수업에서는 끄덕끄덕 호응하시다가도 직접 나와 연설하는 실습이 시작되면 이렇게 말씀하신다.

"어떤 식으로 말을 해야 할지 모르겠어요."

그럴 때는 이렇게 질문한다.

"이 연설을 지금 베테랑 배우가 연기한다면, 어떤 식으로 소화할까요?"

정치인을 연기하는 전도연, 김혜수, 전지현 씨 등 다양한 배우를 떠올리며 모두 함께 편안하게 의견을 내어본다.

"아무래도 걸음걸이부터 당당하게 등장하겠죠? 눈빛에서 자신감이 느껴질 거고요. 목소리와 발음도 또렷하게 들릴 것 같아요. 제스처도 자신 있게 손을 뻗으면서 관중들의 호응을 이끌었으면 좋겠어요."

의견을 한참 말씀하시고 나면 비로소 이제야 어떤 식으로 말해야 할지 알겠다며 미소 지으신다. 이렇게 감독의 눈으로 상황을 바라본 뒤 실습을 시작하면, 이전보다 훨씬 당당하고 자신감 있는 태도로 바뀌어 있다.

그 순간 의원들은 '나'에서 벗어나 있다. 조금 전 부끄러워하던 '내'가 아니라 베테랑 연기자인 '전도연, 김혜수, 전지현'이 되어 있다. 연기에 몰입하는 의원님들이 자유롭고 행복해 보였다. 주어진 '배역'에 충실하면 스스로도 만족도 높은 말하기를 할 수 있다.

◐ 무대에 서면 눈빛부터 달라지는 스타들

사람들 앞에서 '내'가 발표를 한다고 생각하면 얼굴이 빨개지고 부끄러워진다. 중요한 점은 긴장되는 마음이 청중에게 그대로 전달된다는 것이다. 말하는 나 스스로가 자신감이 없고 쑥스러운데, 청중들이 자신감 넘치게 받아들일 수는 없다. 일단 발표자가 해당 역할에 몰입할 수 있어야 사람들도 비로소 집중하기 시작한다.

가수나 연기자의 경우 무대가 시작되면, 눈빛부터 달라진다. 해당 신의 연극배우로 180도 변신하는 것이다. 이러한 모습을 보면서 가식적이라고 비난하는 사람은 없다. 무대에 올라 주어진 상황에 맞추어 연기하는 것은 프로다운 일이기 때문이다.

우리도 마찬가지다. 내가 처한 상황에 따라 그 자리에서 최선의 모습으로 변화하는 것은 자연스러운 일이다. 더불어, 이는 말을 잘할 수 있는 비결이기도 하다.

⬤ 감독의 눈으로 바라보자

어떤 중요한 말하기 자리를 앞두고 있다면 감독의 눈으로 나의 역할을 바라보자. 도대체 저 배우가 어떤 식으로 말을 해야 해당 신에 잘 어울릴지 말이다. 상대 배우가 A로 말한다면 어떤 대사를 건네고, B로 말한다면 어떤 행동으로 대처할지 대사를 미리 생각해보자.

정답은 이미 내 속에 있다. 다만, 무대에 있을 때는 답이 잘 보이지 않을 뿐이다. 한 걸음 뒤로 물러나 감독의 눈으로 바라본다면 훨씬 객관적으로 발견해낼 수 있을 것이다.

연극 무대에서 '다시'란 없다. 웃음이 빵 터지면 낄낄 웃는 대로, 대사를 잊어버리면 당황스러운 대로 대처해나가야 한다. 우리의 인생 또한 'Replay'는 없다. 중요한 자리를 앞두고 있다면 〈킹스 스피치〉의 두 인물처럼 집이나 실제 현장에서 미리 리허설을 진행해보자. 메타인지를 가동하여 한층 더 프로페셔널한 말하기를 할 수 있을 것이다.

"아버지가방에들어가신다."

학창 시절 교과서에서 이 문장을 보았을 때 어찌나 신기하던지 아직도 아버지가 가방에 들어가시는 그림이 떠오릅니다. 띄어 읽기에 따라 아버지가✔방에✔들어가게 되기도, 아버지✔가방에✔들어가게도 되는 전혀 다른 이야기가 펼쳐지는데요. 끊어 읽기의 중요성을 한눈에 잘 보여주는 예시입니다.

공룡 이름은 왜 이렇게 어려운 거야

얼마 전 아이의 책을 읽어주다가 머뭇거리고 말았습니다. 공룡대백과사전이었는데요. 티라노✔사우르스, 아파토✔사우르스, 브라키오✔사우르스 등 '사우르스' 단어가 붙는 이름은 수월하게 불러주겠는데, 도무지 어디에서 끊어 읽어야 할지 아리송한 단어들이 등장했기 때문입니다. 여러분도 한번 맞혀보시겠어요?

힙실로포돈, 디플로도쿠스, 수코미무스

정답은, 힙실로✔포돈, 디플로✔도쿠스, 수코✔미무스입니다. 모두 맞히셨나요?

아이에게 책을 읽어줄 때뿐만 아니라 방송을 하거나 행사 진행, 강의를 할 때도 생각지 못한 생소한 단어들을 만나게 됩니다. 미리 준비하지 않고 말하다가는 아무 생각 없이 힙실✔로포돈(X), 디플✔로도쿠스(X), 수코미✔무스(X)처럼 잘못 끊어 읽을 수 있기 때문에 대본을 항상 꼼꼼하게 챙겨봐야 합니다.

방송 중 아찔했던 경험

뉴스 진행 중 당황했던 경험이 있습니다. 기사 내용에 '금동아미타여래좌상'이 등장했는데 순간적으로 끊어 읽기가 한눈에 보이지 않았던 것입니다. 정답은, 금동✔아미타여래✔좌상입니다. 다행히 실수하지는 않았지만 혹시라도 금동아미✔타여래좌✔상(X)과 같이 의미를 잘못 전달했으면 어떡할 뻔했나 지금 생각해도 아찔합니다.

　음악방송 중 팝송을 소개할 때는 모든 가수와 음악의 이름을 다 검색하여 준비했습니다. 혹시라도 끊어 읽기를 실수할까 봐 미연에 방지하기 위해서였습니다. 가령, '사이먼앤가펑클'의 경우 지금은 사이먼앤✔가펑클이라고 말하지만, 처음 들었을 때는 영문 이름인 Simon and Garfunkel인 줄 모르고 제 식대로 사이✔먼앤가✔펑클(X)이라고 말했을지도 모를 일입니다. 이는 그야말로 방송 사고입니다.

어려운 기관, 협회, 단체 이름은 미리 의미별로 끊어놓으세요

사내에서 행사 진행 등을 맡게 되면 내빈 소개를 해야 할 때도 있으실 텐데요. 어려운 기관, 협회, 단체 이름의 경우 미리 띄어쓰기를 해놓기를 권해드립니다. 가령, 한국교육영상발전진흥협회 현대융합사이언스테크니컬혁신팀이 있다고 가정해보겠습니다. 이렇게 띄어쓰기가 안 되어 있는 상태로 대본을 읽다 보면 무대에서 순간적으로 헷갈릴 수 있습니다. 나도 모르게 한국교육영/상발전진/흥협회(X) 라고 말하게 될 수도 있고 현대융합사이언/스테크니컬/혁신팀(X) 이라고 읽게 될지도 모릅니다. 사람들 앞에서는 내가 방금 무슨 말을 했는지 모를 정도로 긴장할 수 있기 때문입니다.

실수 없는 스피치를 위하여 대본에 미리 빗금이나 동그라미 표시로 의미를 구분해보세요. 아울러, 어렵고 복잡한 단어를 말씀하실 때는 속도를 늦추어서 천천히 또박또박 말씀하시면 전달력이 높아질 것입니다.

5

누구나 본캐와 부캐가 있다

신조어 '본캐', '부캐'라는 단어가 한창 인기를 끌었다. 원래는 온라인 게임에서 쓰이던 말로 처음부터 만들고 키워오던 캐릭터를 '본 캐릭터', 기존의 것에 지루함을 느껴 새로움을 찾기 위해 만든 캐릭터를 '부 캐릭터'라고 부르던 게임 용어였다. 가령, 직장인들이 회사를 다니면서 새로운 도전으로 그림을 그린다면, "본캐는 회사원이고 부캐는 화가입니다"와 같이 말한다.

연예인 중에서는 대표적으로 유재석 씨가 다양한 모습의 부캐를 보여주고 있다. MBC 〈놀면 뭐하니?〉를 통해 트로트 가수 유산슬, 드러머 유고스타, 하프 신동 유르페우스 등으로 활동하면서 새로 맡는 역할에 따라 전혀 다른 모습을 선사했다.

🔵 노력하고 배려하는 캐릭터는 사랑받는다

누구에게나 본캐와 부캐가 있다. 나만 해도 하루에 아내, 엄마, 딸, 며느리, 강사, 작가, 학부모 등 다양한 캐릭터로 변신하고 있으며 그때마다 새로운 모습의 내가 등장한다.

그렇다면 각 캐릭터에 '어떻게' 임해야 그때마다 말도 잘하고 사랑도 받을 수 있을까?

비결은 '노력'과 '배려'에 있다.

유재석 씨가 부캐로도 많은 사랑을 받을 수 있던 이유는 새로운 이미지를 잘 소화하기 위해 최선의 노력을 다했기 때문이다. 밤낮없이 연습하며 주어진 역할에 충실하는 모습은 시청자들에게 감동을 주었다.

tvN 〈유 퀴즈〉에서 인터뷰어로 진행할 때 역시 상대방과 대화 주제에 따라 다양한 목소리 톤과 표정, 어투 등을 보여준다. 어린아이를 인터뷰할 때는 눈높이를 낮추어 친근하게 말을 걸고, 나이가 지긋하신 어르신과 대화할 때는 자식처럼 재롱을 부리며 편안하게 다가간다. 긴장하는 시민을 만나면 농담을 하며 본인을 동네 형, 오빠처럼 느끼도록 도와준다. 어떤 자리에서도 상대방을 배려하며 노력을 다하는 그의 자세는 '롱런'의 비결이기도 하다.

🔵 현장 리포팅에서 이미지 연출이 중요한 이유

아나운서 교육 중 현장 리포팅 수업 시간에 강조하는 말이 있다. 리포터는 촬영 현장에 잘 어우러지는 것이 무엇보다 중요하다는 점이다. 이를 위해 옷차림부터 말투, 태도까지 분위기에 맞추어 변화할 수 있어야 한다. 가령 김장 축제 리포팅 촬영에 딱딱한 정장을 입고 가서 뉴스 앵커처럼 말한다면 현장 분위기와 동떨어질 것이다. 이런 경우 인터뷰는커녕 정장에 고춧가루라도 튀기지 않을까 사람들이 불편해할 수 있다. 리포터는 사람들과 어우러져 현장의 생생함을 담는 역할을 맡고 있다. 정장 대신 편안하게 앉아서 같이 김장할 수 있는 부담 없는 옷차림을 하고, 상황에 따라서는 고무장갑도 끼고 앞치마도 두르며 리포팅을 해야 방송 분위기도 살아나고 사람들도 한결 편안하게 인터뷰에 참여할 수 있다.

주어진 업무를 잘하기 위해서는 '난 나야'가 아니라, 그 상황에 맞는 캐릭터의 이미지로 빠르게 변신할 줄 알아야 하며, 이는 나뿐만 아니라 함께하는 이들에게도 도움을 준다.

🔘 이미지는 그 사람을 판단하는 근거가 된다

우리가 캐릭터에 맞는 이미지를 잘 구축해야 하는 또 하나의 이유는 사람들이 누군가를 판단할 때 이미지가 주는 영향력이 크기 때문이다. 대통령 선거를 할 때 모든 국민이 직접 후보자를 만나 대화를 나눠보고 투표를 결정할 수는 없다. 대신 TV 토론회나 언론매체, SNS를 통해 후보자들이 보여주는 이미지와 공약을 토대로 소중한 한 표를 던진다.

면접관 또한 지원자 모두와 합숙을 하면서 오래도록 지켜보며 합격자를 결정할 수는 없다. 단 몇 번의 만남으로, 얼마 안 되는 시간 나눈 대화를 토대로 판단을 내린다. 짧은 시간 면접자가 보여준 이미지가 결정적인 역할을 하는 것이다.

따라서 면접, 미팅, 영업 등 우리가 어떠한 선택과 판단을 '받는' 자리에 임한다면 메타인지 대화를 통해 호감 가는 이미지를 전달할 있어야 한다.

🔘 이미지를 만들기 위해 가면을 쓰는 것 같아요

"저는요. 도저히 억지로 이미지를 못 만들겠어요." "일은 하겠는데 고객에게 미소 짓는 건 정말 싫어요." "내가 왜 사람들에게 잘 보여야 하나요? 저는 원래 한 성격 한단 말예요."

호감 가는 이미지를 만든다는 게 말이 쉽지, 처음 사회생활을 하면 이보다 어렵고 버겁게 느껴지는 것도 없다. 마치 가면을 쓰는 것 같아 마음이 불편하고 어색하다. 아무리 들어도 부장님 개그는 썰렁하기만 한데 다들 어쩜 저렇게 잘 웃는지, 할리우드 배우가 따로 없다. 오늘은 몸도 안 좋고 울고만 싶은데, "어서 오세요!" 하고 미소 지으며 말해야 하니 괴롭고 서럽기만 하다.

프로는 가면을 쓴다는 생각조차 하지 않는다. 그냥 그 순간의 '역할'에 집중할 뿐이다. 이렇게 저렇게 살아온 자신은 잊고 맡은 일의 '캐릭터'로 빠르게 몰입한다.

🔘 신발장에 장기를 넣어놓고 출근하는 의사

촬영 대기 중 한 치과 의사가 들려준 이야기가 있다. 임플란트 시술을 전문으로 하는 분이었는데, 빠른 손놀림이 장점이라 시술 시간이 다른 의사들에 비해 짧다는 특징이 있었다. 그런데 그는 이런 장점이 오히려 컴플레인의 원인이 될 때가 있다고 하였다. 시간이 너무 빨리 끝났으니 반값만 주겠다는 환자도 있었고, 일찍 끝나 의심되니 돈을 안 내겠다고 우기는 환자도 있었다는 것이다. 최선을 다해 시술했는데 대충 한 것 아니냐는 소리를 들으면 힘드셨겠다는 말씀을 드렸다. 그러자 그는 이런 답변을 들려주었다.

"저는 아침에 집에서 나올 때 신발장을 한번 활짝 엽니다. 일터로 출발하기 전 그 안에 저의 심장과 장기들을 두고 나온다고 생각해요. 그러고 나면 어떤 고객을 만나도 크게 상처가 되지 않습니다. 억울한 이야기를 듣더라도 저에게 하는 말이 아니라 이 치과를 운영하는 대표에게 하는 말이라고 생각해버리거든요. 집에 가면 다시 신발장 문을 열고 저의 장기를 담은 뒤 푹 쉬어요. 일터에서는 이런저런 생각들은 비우고 의사로서, 이 병원을 운영하는 사람으로서 일과 문제 해결에만 집중합니다."

그 또한 집에서나 친구와 함께 있을 때는 하고 싶은 말도 거침없이 하고 장난기도 있는 사람일 것이다. 그러나 업무 현장에서만큼은 그 자리에 최적화된 캐릭터가 되어 일하고 있었다.

내가 자리한 곳에서 인정받고 싶다면, 프로페셔널하게 말을 잘하고 싶다면, 이를 통해 궁극적인 일의 목표를 이루고 싶다면, 해당 업무에 임하기 전 스스로에게 질문을 건네보자.

'이 자리에서 가장 이상적인 캐릭터는 어떤 모습일까?'

그리고 일단 그 일이 시작되면, 기존의 나는 잊고 빠르게 해당 캐릭터에 몰입하여 최선을 다해보자. '롱런'의 비결이 될 것이다.

HOW TO 발음이 좋아지려면 볼펜 물고 연습하면 되나요?

강의나 코칭을 할 때 자주 듣는 질문이 있습니다. "발음이 좋아지려면 볼펜 물고 연습하면 되나요?"인데요. 답변부터 드리면 다음과 같습니다.

"그렇게 하셔도 됩니다. 그러나, 그렇게 하지 않으셔도 충분히 됩니다!"

아니 이게 말장난도 아니고 무슨 요상한 말이냐고요? 자세히 답을 드리겠습니다.

그렇게 하지 않으셔도 된다고 말씀드린 이유는, 우선 제가 한 번도 볼펜을 물고 연습한 적이 없기 때문입니다. 저뿐만 아니라 주위 아나운서분들에게도 여쭈어보면 볼펜을 물고 연습했다는 분을 찾기가 쉽지 않습니다. 제가 아나운서를 준비할 때 주위에서 이 방법을 추천한 사람은 한 분도 없었는데요. 오히려 어설픈 입 모양이 자리 잡을 수 있다고 권하지 않으셨습니다.

그런데 드라마나 영화를 보면 볼펜을 물고 발음 연습하는 장면이 종종 나온단 말이지요? 이유가 있을 것 같아 자료를 찾아보고 제가 직접 볼펜을 물고 해보았습니다. 분명 긍정적인 면이 있었습니다.

운동 선수들이 달리기를 할 때 발목에 모래주머니를 달고 훈련

하는 경우를 볼 수 있는데요. 볼펜은 바로 이 모래주머니의 역할을 하고 있었습니다. 입에 볼펜을 물고 있으면 발음하기가 어려워지기 때문에 혀와 턱의 움직임에 더욱 정성을 다하게 됩니다. 따라서 볼펜을 뺀 뒤에도 보다 또박또박 열심히 발음을 하게 되기 때문에 볼펜 물기 방법을 권하는 분들이 있었던 것 같습니다. 또한 볼펜을 물고 계속 말을 해보니 입이 양옆으로 크게 벌어져서, 그냥 말하는 것보다는 상대적으로 목구멍도 크게 열리고 동굴 소리의 울림도 느낄 수 있었습니다. 다만, 중간중간 메스꺼움이 올라와 오래 하기는 어렵겠단 생각이 들더라고요. 그래서 개인적으로 볼펜을 물고 하는 것을 적극 권해드리지는 않고요. 궁금하신 분들의 경우 잠시 한 번 해보시면서 '아! 이런 느낌이구나' 정도만 얻어가시면 좋겠습니다.

볼펜을 물고 연습하는 '목적'을 정확히 알고 있다면, 펜 없이도 똑같은 효과를 목표하며 연습할 수 있겠지요? 볼펜을 물고 연습하라는 이유는 다음과 같습니다.

① 입을 크게 벌리게 하기 위해
② 혀와 턱 등을 열심히 움직이게 하기 위해

그런데 이 두 가지 방법은 제가 전해드릴 방법으로도 충분히 가능합니다. 말씀드리면서도 너무 간단하여 민망하지만 비법은 다음과 같습니다. 입을 크게 벌리시면 됩니다. 볼펜을 물고 연습하는 이

유도 결국은 입 모양을 크게 벌리게 하기 위하여 고안된 방법이기 때문입니다.

그럼, 본격적으로 도구나 장소에 구애 없이 연습하실 수 있는 입 크게 열고 말하는 법을 전해드리겠습니다. 혹시 앞에 거울이 있다면 입 모양을 직접 보면서 해보는 것이 가장 좋은데요. '아, 에, 이, 오, 우' 모음 발음법을 통해 입 모양 크게 연습하는 법을 전해드리겠습니다.

① [아]

"아"하실 때는 마치 우리가 치과에 갔을 때 의사 선생님 앞에서 "아~"하고 입을 크게 벌리는 것처럼 최대한 입 모양을 크게 해주셔야 합니다. 우리가 그냥 '아' 할 때는 입 모양이 타원형으로 보이는데요. 의식하며 크게 '아!' 하고 벌려주면 목젖이 보일 정도로 하마 입이 됩니다. 앞으로 모음 '아'를 연습하실 때는 하마처럼 입을 크게 벌려주시면 좋겠습니다.

② [에]

다음으로 "에"를 연습해볼 텐데요. 먼저, '에'의 정확한 발음법을 전해드리겠습니다. 여러분 '개'와 '게' 발음을 할 때 혹시 입 모양을 달리하고 계신가요? '재미'와 '제비'를 발음하실 때는 어떠신지요. 분명 생긴 것은 '애'와 '에'가 다른데 발음도 약간은 달라지지 않을까요?

자, 바로 정답을 전해드리겠습니다.

'애'를 발음하실 때는 입을 '아' 하고 벌리신 모양 그대로 "애~" 하고 발음해주시면 되고요. '에'를 말씀하실 때는 입을 '이' 하고 길게 늘이신 모양에서 "에~" 하고 발음해주시면 됩니다.

어떠신가요? 확실히 소리가 다르게 느껴지지요? 따라서 멍멍 '개'를 말씀하실 때는 입을 '아' 하고 벌리신 모양으로 "개~" 해주시면 되고요. 꽃게의 '게'를 발음하실 때는 입을 '이' 하는 모양으로 하신 뒤 "게~" 하고 말씀해주시면 됩니다. 물론, 우리가 평상시에 애와 에의 발음을 정확히 구분하며 말하지는 않아도 될 것입니다. 그래도 참고로 알아두면 좋겠지요?

다시 그럼 모음 "에"의 연습으로 가보겠습니다! '에'는 입 모양을 '아'로 해야 할까요, '이'로 해야 할까요? 네, '이' 모양으로 하신 뒤 "에~" 하고 발음해주시면 되겠습니다.

③ [이]

다음은 "이"입니다. '이' 발음 연습을 할 때도 역시 표정이 참 민망할 정도로 입을 옆으로 매우 길게 해주셔야 합니다! "치카치카 이~" 할 때처럼 "이~" 하는 입 모양을 최대한 과하게 만들어주세요!

④ [오]

"오"를 하실 때는 '내 얼굴은 지금부터 오징어다!' 싶을 정도로

'오' 모양을 조금은 우스꽝스러우리만큼 과하게 만들어주셔야 하는데요. '어머 내 입술에 주름이 이렇게나 많았나?' 싶을 정도로 입에 힘을 잔뜩 주어 '오' 하고 오므려주시면 좋겠습니다.

⑤ [우]

"우"는 어떨까요? '옴마나 뽀뽀하자는 거여 뭐여~' 싶을 정도로 아주 부담스럽게 '우~~' 하고 소리 내어주시면 됩니다.

발음 연습을 할 때는 그 어떤 단어를 말씀하시든 얼굴이 우아해 보여서는 안 됩니다. 입을 풀어주는 느낌으로 과하게 입 모양을 만들어주는 것이 핵심이거든요.

참, 그리고 실전에서 발표하실 때는 입 모양을 이렇게 오징어 뽀뽀처럼 하는 것이 아니라는 점을 힘주어 말씀드립니다. 실제 말하기를 할 때는 오히려 입과 몸에 힘을 빼야 합니다. 평상시 이렇게 강력하게 입 모양 특훈을 해놓으면 힘을 빼도 전보다 더욱 정확한 입 모양으로 힘있게 전할 수 있게 된답니다. 하루하루 열심히 연습하면 볼펜 물기 이상의 효과를 보실 수 있을 거예요. 화이팅!

4장

원하는 것을 얻는 소통은
연습이 필요합니다

목적에 맞게 만나야 한다

지인을 따라 참석한 모임에서 인상적인 경험을 한 적이 있다. 식사 중 유머러스한 진행자의 발언으로 시작되었다.

"자, 식사들 하면서 내가 여기에 있는 사람들을 위해 무엇을 해줄 수 있는지 한 가지씩 이야기해보세요!"

꾸밈없고 솔직한 제안에 사람들은 재미있다는 듯 웃으면서 발표를 시작했다.

"저는 조그마한 병원을 운영하고 있습니다. 살면서 몸이 아플 때 편안하게 방문하세요!"

"저는 가전제품을 판매하고 있습니다. 언제든 오시면 좋은 가격에 해드리겠습니다."

"저는 최근 개업을 한 변호사입니다. 살면서 그런 일이 없으면 좋겠지만 도움 필요하시면 언제든지 연락 주세요!"

"저는 은퇴해서 딱히 도움 드릴 건 없는데요. 저희 동네 오시면 밥 한 끼는 맛난 걸로 사드리겠습니다!"

한 사람씩 이야기를 할 때마다 모두가 박장대소하며 박수를 보냈다. 나 또한 농담 반 진담 반으로 웃으며 말했다.

"아나운서 경력 10년에 행사 진행만큼은 자신 있습니다. 칠순 잔치, 팔순 잔치, 돌잔치 등 언제든 연락 주십쇼!"

그 자리가 유쾌하게 느껴졌던 이유는 사람들이 모인 '목적'을 분명히 하니 마음이 시원해졌기 때문이다. 일회적인 자리였지만 진행자의 센스 넘치는 제안 덕분에 참석자들 모두가 자연스럽게 본인을 어필할 수 있었고 언젠가 함께할 수 있다는 가능성을 안고 헤어질 수 있었다.

🔘 목적은 분명할수록 좋다

최근 대학원에 입학한 한 지인으로부터 선배들의 솔직한 분위기에 놀랐다는 이야기를 들었다. 지인이 다니고 있는 학과는 과목 특성상 서로의 네트워크가 중요한 역할을 하는 곳이었는데, 선배들의 명함을 받고 보니 그곳에 대학원 기수가 크게 새겨져 있었다는 것이다. 너무 직접적이지 않느냐는 지인의 말에 나는 오히려 적극적인 선배들이 멋지다며 박수를 쳐주었다.

얼마나 솔직하고 좋은가? 거짓말을 하는 것도 아니고 이를 통해 조언을 주고받기도 유용해 보였다. 물론, 학문만을 공부하기 위해 온 학생들도 있겠지만 기왕이면 수업을 들으면서 서로 정보나 지식을 주고받는 것도 유익해 보였다. 실질적인 목적을 숨기고 쭈뼛쭈뼛 다가가는 것보다는 처음부터 내가 이곳에 온 목적을 투명하게 말하고 열심히 공부하며 적극적으로 활동하는 모습이 더 진솔하다는 생각이 들었다.

동창회나 기타 친목 모임이 오래도록 유지되는 이유는 무엇일까? 친구가 좋고 보고 싶어 참석하는 마음이 대부분이지만 더불어, 살면서 서로 도움을 주고받을 수도 있기에 만남을 이어가기도 한다. 자동차를 살 때는 기왕이면 자동차 판매 업무를 하는 동창에게 사고, 여행을 갈 때는 여행사를 하는 동창을 통해 놀러 가면 친구에게도 도움이 되고 나도 행복하기 때문이다. 경조사 때는 서로 기쁨과 슬픔을 나눌 수 있다.

🌐 더불어 살아가는 세상

갈수록 1인 기업, 1인 가구 등이 늘면서 혼자서도 편안하게 살 수 있도록 환경이 변화하고 있다. 하지만 인간은 결코 홀로 살아갈 수 없다. 심리학자 에이브러햄 매슬로우 또한 인간의 기본적인 욕구로 사랑과 소속감에 대한 욕구, 존경 욕구를 포함하였다. 사회적인 인간관계 없이는 행복을 느끼며 살아가기 어렵다.

모임에 참석할 때 아무런 목적 없이 그 자리에 나오는 사람은 없다. 집에서 소중한 가족들이 나를 기다리고 있고 하루 종일 고된 업무로 휴식이 간절한데도 그 자리에 나가는 것은 어떠한 기대하는 점이 있기 때문이다. 내가 하는 일을 알리고 언젠가 도움을 요청하기 위해서일 수도 있고, 지친 마음을 달래기 위해 힐링을 하러 나간 자리일 수도 있다. 친목을 다지며 소속감을 느끼기 위해 참석한 사람도 있을 것이다.

목적이 일치하지 않는 만남

이때 나의 목적과 상대방의 목적이 일치하지 않는 만남은 피로감을 준다. 나는 그저 하루의 피곤을 날리고 대화를 나누며 편히 쉬기 위해 이 자리에 나왔는데, 상대방은 대화 내내 어떻게든 실적을 올리고자 본인의 상품 소개만 한다면, 이내 불편하고 실망감이 들 것이다.

상품을 소개하러 나간 친구도 시간과 에너지를 허비한 것은 마찬가지다. 그의 입장에서는 친목 도모도 하고 상품도 알리고자 시간을 내어 나간 것인데, 상대방은 마치 본인을 이익만 추구하는 사람처럼 바라본다면 마음에 상처를 입을 수 있다. 이를 방지하기 위해서는 만나기 전 '목적'을 분명히 밝히고 상대방의 의사를 확인하는 과정이 필요하다.

내 시간이 소중한 만큼 상대방의 시간도 소중하다

하루를 한 달처럼 일하는 사람들은 미팅을 제안했을 때 왜 만나려고 하는 것인지 그 '목적'을 먼저 묻는 경우가 대부분이다. 바쁜

중에 상대방을 만난다는 것은 시간과 에너지를 할애하는 것이기 때문이다. 만나고자 하는 목적을 듣고, 사안에 따라 직접 만나 미팅을 할지 전화나 문자로 대신할지를 결정한다.

사회 초년생 때는 이러한 모습을 보며 너무 차가운 것 아닌가 하는 생각을 했었다. 그러나 업무를 하는 상황에서 이는 상대방의 당연한 권리와도 같다. 나에게는 지금 내 일이 전부이지만 상대방도 한정된 시간 안에 처리해야 할 수많은 일들이 있기 때문이다. 일을 하면서 인간적인 '정'에 목말라 하면 객관적인 메타인지 말하기가 어려워진다. 업무를 잘 해내고자 하는 사람들 사이에서 친구를 사귀려는 마음으로 임하면 서로의 목적이 달라져 마음 상할 일이 많아지고, 상황에 적합한 언행을 판단하는 것이 힘들어질 수 있다.

업무 현장에서는 일의 '목적'에 집중하며 말을 하고, 미팅을 제안할 때도 만나고자 하는 '이유'를 먼저 표현해보자. 이를 통해 서로의 시간을 효율적으로 활용할 수 있을 것이다.

🔘 기회는 한 번뿐 언제든 준비되어 있어야 한다

사회를 이끄는 리더들을 만나 여러 차례 인터뷰한 적이 있었다. 이들의 공통점은 모두가 눈코 뜰 새 없이 바쁘다는 것이었다. 일단, 약속을 잡기까지가 무척 어려웠다. 그러다 보니 힘겹게 약속이 잡히면, 당일 인터뷰 혹은 미팅에 임하는 자세가 결연해졌다.

일단 절대로 실수를 해서는 안 되었다. 상대방이 NG를 내어 시간이 지연되는 것은 괜찮지만, 귀한 시간을 내어달라고 부탁한 진행자가 NG를 내며 상대방의 시간을 빼앗을 수는 없는 노릇이기 때문이다. 따라서 주어진 시간을 최대한 효율적으로 사용하기 위해 연습에 연습을 반복하였다. 이는 방송뿐만 아니라 미팅에서도 마찬가지였다. 오늘 이후로 이 사람을 또 만날 수 있다는 보장이 없기에, 1분 발언을 생각한 뒤 방송 준비를 하듯 계속 연습하였다. 마음을 사로잡을 수 있도록 회사의 제안 내용을 짧게 정리하다 보면 마지막에는 항상 '목적'과 '기대효과'만이 남았다. 이렇게 핵심을 분명하게 파악하려는 노력을 할수록 대화의 주도권을 잃지 않는 메타인지 말하기가 가능해졌으며 피드백 또한 긍정적이었다.

🔘 목적에 충실한 말하기

우리가 참석하는 자리마다 다양한 '목적'이 있다는 것을 기억하면 상황에 맞는 메타인지 대화를 나눌 수 있다. 친구들과 만났을 때는 심각한 회사 이야기보다는 편안한 주제로 친구의 말에 경청해주고, 강의를 할 때는 기타 잡다한 이야기보다는 확실하게 실력을 높여줄 수 있는 수업 내용 위주로 채우는 것이 좋다. 영업을 할 때는 밑도 끝도 없이 수다를 나눌 것이 아니라 상품 소개와 이로 인한 이점을 분명히 전달할 수 있어야 한다.

이 자리에 참석하는 '목적'을 늘 인지하고 있으면 말 한마디를 하더라도 상대방을 몰입시킬 수 있다. 이는 서로의 시간과 에너지 또한 배려하는 자세가 된다는 것을 기억하자.

스피치 코칭 시 즉흥 질문, 답변 연습을 하면 수강생의 실력이 눈에 띄게 좋아지는 것을 발견합니다. 이는 제가 아나운서를 준비할 때 효과를 보았던 연습 훈련이기도 한데요. 방법은 간단합니다. 스터디원들과 여러 단어를 종이에 적은 뒤 이를 커다란 통에 넣고 돌아가면서 하나의 주제를 뽑아 '1분 스피치'를 하곤 했습니다. 이는, 면접 대비뿐만 아니라 각본 없는 인생에서 삶의 스피치를 하는 데도 도움이 되었습니다.

처음에는 종이를 펼쳐 제시어를 볼 때마다 얼마나 진땀이 났는지 모릅니다. 아무리 단어를 뚫어지게 쳐다보아도, 이야기를 어디서부터 어떻게 시작해야 할지 난감했습니다. 문법에 맞는 문장을 구사하면서도 재미있는 스토리로 끌어가야 하니, 머릿속이 복잡해졌습니다. 그러나 연습만이 살길이었습니다. 반복하다 보니 요령이 생겼습니다.

1분 스피치를 할 때 어떤 말하기를 해야 면접관의 마음을 사로잡을 수 있을까요? 내용 측면에서만 살펴보자면 이 두 가지를 기억해 주시기 바랍니다.

① 결론부터 말한다.
② 하나의 주제에 많은 이야기를 담지 않는다.

'결론'을 먼저 말해야 하며, 하나의 주제 안에 너무 많은 이야기를 담지 말아야 합니다. 말을 할 때는 항상 '듣는 사람'을 고려해야 합니다. 아무리 귀 기울여도 핵심 답변이 없고, 한 번에 너무 많은 이야기를 듣게 되면 말의 요지를 파악하기 어렵습니다. 말은 글처럼 한 번 더 들어볼 수도 없기 때문입니다.

실수할 수 있는 사례를 살펴보겠습니다.

면접 질문 예시 1

Q. 이전 직장에는 몇 년 다니셨어요?

A. 아, 제가 사실 원래 공부를 하는 것이 꿈이었습니다. 꼭 한번 심리 쪽 공부를 해보고 싶었거든요. 그래서 대학원을 가려고 준비하다 보니 공부할 시간이 좀 필요했습니다. 그런데 직장을 다니다보니 시간이 많이 빼앗기더라고요. 그래서 남들보다 일찍 일어나서 도서관에 가려고 노력은 했지만 이게 생각보다 여의치가 않아서….

재직 기간이 짧은 것으로 불이익을 당할까 봐 구직자는 자신도 모르게 해명을 하고 있습니다.

Q. 아, 네. 그렇군요. 그런데 제가 궁금한 건… 그래서 얼마나 다니셨나요?

A. 아, 네. 6개월 다녔습니다.

질문자는 단순히 재직 기간이 궁금해서 물어본 것입니다. 먼저, 6개월 다녔다는 사실을 말한 뒤, 만일 추가 질문을 받게 되면 그때

짧고 명료하게 설명해도 괜찮습니다.

면접 질문 예시 2

Q. 이전 직장에는 몇 년 다니셨어요?

A. 아, 네. 전 직장을 떠올리면 참 좋은 기억이 많습니다. 동료, 후배, 선배 직원들이 모두 친절했고 복지도 좋았습니다. 리더 역할을 해보면서 팀원과의 화합을 이끌어가는 방식을 배울 수 있었으며, 영업 실적을 높이면서 고객 대응과 커뮤니케이션 능력을 향상할 수 있었습니다.

질문자의 의도와 다른 대답을 하고 있습니다. 아무리 좋은 내용도 질문의 핵심에서 벗어난 답변은 면접 시 좋은 점수를 받기 어렵습니다.

Q. 아, 네. 제가 질문드린 것은 전 직장을 다닌 '기간'이었습니다.

A. 아! 네. 죄송합니다. 정확히 5년 2개월 다녔습니다.

아무리 답변 내용이 좋아도 질문의 목적과 어긋나면, 면접관은 지원자의 커뮤니케이션 능력을 의심하게 됩니다. '말 잘하네. 똑똑하네. 야무지네' 하는 평가와 함께 좋은 성과를 내고 싶다면, 일상에서부터 항상 '결론'부터 말하는 습관을 실천해보시기 바랍니다.

일상 예시 1 : 친구와의 대화

Q. 너 밥은 먹었어?

A. 아, 오늘 진짜 왜 이렇게 바쁘냐. 강의 듣고 과제 하고 지원서 쓰고 정신이 하나도 없다. 내일은 또 실습도 있는데.

Q. 아니, 너 밥 먹었냐고.

A. 어? 아니. 안 먹었는데?

Q. 그럼 같이 먹을까?

A. 아, 저번에 새로 생긴 돈까스 집에 갔었는데 정말 맛있더라? 아, 나 어제 돈까스 먹었구나. 스파게티 먹을까?

Q. 아니, 같이 먹을지 먼저 물어봤잖아.

A. 아, 그래! 그러자.

배려심이 많은 친구를 두었군요! 이런 경우 친구는 무엇을 먹고 싶은지도 물어봐 주면 좋겠지요? 식사 시간이 어느 정도 가능한지도 함께 확인해본다면, 서로에게 가장 이상적인 장소를 정하는 데 도움이 될 것입니다.

일상 예시 2 : 소개팅

Q. ○○ 씨는 제일 좋아하는 영화가 뭐예요?

A. 아, 네. 사실 영화를 본 지 참 오래되었습니다. 시험 준비하고 공부만 하다 보니 영화를 참 못 봤네요. 마지막으로 영화관에 갔던 게 그 퀸 나오는 건데… 막 노래 부르고요.

Q. 〈보헤미안 랩소디〉요?

A. 아, 네. 〈보헤미안 랩소디〉요…. 그 영화 보셨어요? 퀸 노래 정말 좋죠? 마지막 그 무대 정말 멋지지 않나요? 캬….

Q. 아, 그럼 〈보헤미안 랩소디〉가 제일 좋아하는 영화세요?

A. 아니, 그런 건 아니고요. 어렸을 적에 그… 제가 액션 영화를 좀 좋아해가지고, 무술 영화를 많이 봤거든요. 이연걸도 좋아하고 성룡도 좋아하고….

Q. (집중력이 흐려진다….)

질문자가 듣고 싶었던 것은, 상대방이 제일 좋아하는 영화 이름이었는데요. 결론이 너무 늦게 등장하면 질문자는 지루해질 수 있습니다. 더불어, 답변 후에는 "그럼, ㅇㅇ씨는 무슨 영화를 제일 좋아하세요?" 하고 물어봐 주시는 것도 좋습니다. 아무리 상대방이 마음에 들어도 질문이나 호응을 하지 않으면 '저 사람은 나에게 관심이 없구나' 하고 생각할 수 있습니다.

일상 예시 3 : 보고 브리핑

(보고서를 상사에게 건넸다. 보고서를 훑어본 후 상사가 말한다.)

Q. 다음 주 행사 참석 인원은 몇 명이야?

A. 아, 네. A 기업에서 참석 의사 밝히셨고요. B는 확인 중에 있고, C, D, E 기업도 참석할 것 같습니다.

Q. 아니, 정확히 몇 명 올 것 같냐고.

A. 아… 네! 아무래도 다섯 명에… 일곱 명에… 이십 명에…. (계산을 시작한다.)

상사들은 대개 바쁩니다. 보고 브리핑을 할 때는 특히나 결론부터 말해야 합니다. 또한 준비하지 못한 내용을 질문받았을 때는 "죄송합니다. 빠르게 조사해서 말씀드리겠습니다" 하고 답변하는 편이 낫습니다. 그러나 들어갈 때마다 계속 죄송하다는 말씀만 드려서는 안 되겠지요? 보고를 하러 가기 전에, 예상 질문 답변을 미리 작성해보실 것을 권해드립니다. 마음도 편안해지고 질문에 빠르고 정확하게 답하는 데도 도움이 되실 거예요.

2

태도가 루틴이 돼야 한다

"Manners maketh man(매너가 사람을 만든다)."

영화 〈킹스맨 2〉의 명대사로 영화를 안 본 사람은 있어도 이 문구를 안 들어본 사람은 없을 정도로 광고, 기사, SNS 등 여러 매체에서 화제가 되었다. 주연배우 콜린 퍼스의 멋진 액션 덕분도 있지만, 내용 자체가 사람들의 공감을 이끌었기 때문이다.

오바마, 오프라 윈프리의 멘토이자 소설가인 마야 안젤루는 태도의 중요성을 강조하며 이렇게 말했다. "나는 사람들이 상대방의 말과 행동은 잊어도 그때의 기분은 절대 잊지 않는다는 사실을 배웠다."

만나면 대화를 나누는 내내 기분이 좋은 사람이 있고 헤어지고 나면 이상하게 화가 나고 기분이 언짢아지는 사람이 있다. 눈에 띄게 두드러지는 사건도 없었는데 왜 그랬을까 곰곰이 생각해보면 상대방의 태도가 좋지 않았던 경우가 대부분이다.

약속 장소에 늦게 도착하고도 미안해하는 내색이 없거나, 대화에 집중하지 않고 시종일관 휴대폰을 본다거나, 무슨 말을 해도 비아냥거리며 본인만이 옳다는 태도로 일관하는 사람과 함께 있다 보면 '내가 지금 여기서 뭐 하는 거지?' 싶은 후회가 밀려온다.

🔘 존중하지 않는 태도는 주위 사람을 힘들게 한다

태도가 좋지 않다는 것은 상대방을 존중하지 않는다는 것을 의미한다. 상대방을 귀하고 소중히 여기면 말과 행동이 함부로 나올 수 없기 때문이다.

얼마 전, 가족과 음식점에서 식사를 하는데 네 명의 중년 남성이 들어와 대화를 나누기 시작했다. 그런데 한 사람의 목소리가 어찌나 크던지 식당 전체가 쩌렁쩌렁 울려 퍼졌다.

"내가 말이야! 어제 병원에 가서 아주 그냥 의사를 박살 냈잖아. 임플란트를 했는데 집에 오니까 엄청 아프더라고."

욕설을 섞어가며 무용담을 떠벌리듯 이야기하는데, 듣고 있자니 속이 얹힐 것만 같았다. 그때, 다섯 살 아들이 양손으로 귀를 막기 시작했다. 내용을 정확히 이해하기 어려운 아이가 듣기에도 괴로웠던 것이다. 부랴부랴 짐을 챙겨 나오며 생각했다. 공공장소에서도 이렇게 배려 없이 목청을 높이는데 집에서 함께하는 가족들은 얼마나 힘들까 하고 말이다.

◑● 좋은 태도는 응원하는 마음을 이끈다

반면에 상대방을 존중하는 태도가 베어 있는 사람은 보기만 해도 기분이 좋고 앞날을 응원하게 된다. 이들은 기본적으로 밝은 표정과 함께 매사 정성을 다하는 자세를 지니고 있다.

태도가 참 좋은 인턴과 일한 적이 있다. 이 친구는 내가 아무리 일찍 출근을 해도 항상 먼저 도착해서 자리에 앉아 있었다. 주어진 업무가 없을 때는 할 일이 없는지 먼저 찾아와 확인하였고, 빠듯한 일정으로 과제를 내주더라도 결코 늦게 제출하거나 대충하는 법이 없었다.

한번은 급히 생긴 업무에 많은 양의 과제를 준 적이 있었다. 밤을 새우지 않고서는 도저히 할 수 없는 분량이었다. 다음 날 출근을 하니 인턴은 어김없이 일찍 도착해 앉아 있었다. 과제까지 완벽하게 제출한 뒤였다. 힘들지 않았느냐고 물어보니 답변은 언제나처럼 같았다.

"아니요. 괜찮습니다."

충혈된 눈으로 미소 짓는 인턴을 보며 이 친구는 무슨 일을 하든 성공하겠다는 생각이 들었다. 실제로 그는 다음 해 경쟁률이 치열한 직군에 바로 합격하였다. 분명 면접관도 성실하고 사려 깊은 태도를 긍정적으로 보셨으리라 생각된다.

🔘 그곳이 어디든 '창고지기'로만 들어가라

한참 최종 면접에서 줄줄이 낙방하던 시절 어머니께서 해주신 말씀이 있었다.

"너는 어디든 '창고지기'로만 들어가면 된다. 눈에 띄지 않는 자리라도 괜찮아. 지금처럼 주어진 일에 최선을 다하다 보면 분명 이를 알아봐 주는 사람이 있을 거야. 화려하고 눈에 띄는 자리에만 원서를 넣지 말고 어떤 자리든 공고가 뜨면 일단 지원해보렴."

당시 이 말씀이 어찌나 힘이 되던지 용기 내어 다시금 열심히 지원서를 냈고, 실제로 내가 들어가고 싶은 방송국의 주말 진행자로 합격할 수 있었다.

주말 근무를 하는 내내 그 자리가 어찌나 감사하고 행복하던지 평일이 시작되면 주말이 오기를 기다렸다. 방송이 있는 날에는 항상 30분 전에 도착했고, 스튜디오에 올라가기 전에는 편의점에 들러 함께 일하는 분들과 나눌 음료수를 샀다. 이는 동료분들에 대한 배려인 동시에 주어진 시간 최선을 다해보고 싶은 나와의 다짐이기도 했다. 정성을 다하는 태도를 좋게 봐주신 덕분에 1년 후에는 주중 아나운서로도 감사히 일을 할 수 있었다.

🔘 최선을 다하는 태도는 '기회'로 이어진다

행사 진행이나 드라마 촬영을 갈 때 반드시 준비하는 것 중 하나는 직접 만든 큐카드(cue card)다. 촬영팀에서 제작해주는 경우도 있지만 혹시라도 없을 경우를 대비하여 스스로 만들어가는 것이다.

그런데 의외로 이 작은 모습에 많은 관계자분들이 감동의 말씀을 전해주셨다. 이런 경우에는 얼마 뒤 다음 촬영도 같이 하자는 연락이 왔다.

프리랜서로 일을 한다는 것은 업무가 지속적으로 보장되지 않는다는 것을 의미한다. 한 치 앞을 알 수 없는 환경에서 일을 한 덕분에, 한 번의 기회를 인생의 마지막 기회처럼 여길 수 있게 되었다. 이는 영업을 할 때도 마찬가지였다. 이날 만난 고객을 다시 또 볼 수 있다는 보장이 없었다. 처음이자 마지막 만남이라고 생각하니 정성을 다하게 되었고 이러한 태도는 자연스럽게 루틴으로 자리하게 되었다. 상대방에게 잘 보이기 위해서가 아니라 스스로 오늘 일에 만족하기 위해 최선을 다하게 된 것이다. 매 순간 깨어서 노력하는 자세는 어떠한 대화나 행동을 하기에 앞서 메타인지를 활짝 열고 임하게 하는 데 도움이 되었다.

🌑 노교수의 마지막 수업

대학에 다니면서 제일 좋아했던 수업은 나이가 지긋하신 노교수님의 신문 보도 실습 강의였다. 그 시간을 좋아했던 이유는 교수님께서 항상 정갈하고 기품 있는 자세로 수업을 진행하셨기 때문이다. 차분한 말의 속도는 진중함을 느끼게 했다. 마지막 수업 날, 교수님은 영국 신사와 같은 트렌치코트에 멋진 베레모를 쓰고 오셨다. 그 자태가 어찌나 곧고 단정한지 베레모 아래 가지런한 흰머리가 품격 있게 느껴졌다. 수업이 끝나고 가방을 정리하던 중이었다. 교수님께서는 갑자기 단상 옆으로 나오시더니 우리를 향해 천천히 고개 숙이며 말씀하셨다.

"여러분, 그동안 저의 수업을 들어주어서 고맙습니다."

순간, 시간이 멈춘 것 같았다. 학생들에게 정중하게 인사해주시는 모습도 감동이었지만 한 마디 한 마디에 울림이 느껴졌기 때문이다. 이렇게 진심을 다하는 분의 수업을 들은 것만으로도 영광이라는 생각이 들었다.

얼마 뒤 충격적인 연락을 받았다. 교수님께서 세상을 떠나셨다는 부고였다. 알고 보니 교수님께서는 이미 병세를 앓고 계신 중에 수업을 진행하셨던 것이었다. 동기들과 장례식장에 다녀오는 길. 고개 숙여 고맙다고 인사해주시던 교수님의 모습이 떠올라 눈물이 났다. 한 학기 내내 인생의 마지막 수업이라 생각하며 임하셨을 교수님의 마음에 가슴이 먹먹했다.

⬤ 이 순간은 한 번뿐이다

인간의 삶은 한정되어 있다. 교수님과 나의 차이는, 교수님께서는 어느 정도의 시간이 남아 있는지 어렴풋이 알고 계셨지만 나는 그 기간을 모른다는 것뿐이다.

고객사와의 미팅, 프레젠테이션, 강의, 친구와의 만남, 매일 보는 가족과의 눈 맞춤, 이 모든 순간은 처음이자 마지막이다. 지금 임하는 이 순간이 다시는 돌아오지 않을 마지막이라는 것을 떠올리면, 한순간도 소홀하지 않게 된다. 살면서 말도 안 되는 행운이라고 생각했던 시간들을 돌이켜보면, 모두 간절함을 붙잡고 그 순간에 몰입했다는 공통점이 있었다.

🔘 100%를 향하는 유의주의

일본에서 가장 존경받는 기업가로 꼽히는 이나모리 가즈오 교세라 명예회장은 그의 저서 《왜 일하는가》에서 성공의 비결로 유의주의(有意注意)를 말한다. 유의주의란 뚜렷하고 진지하게 의식과 신경을 하나의 대상에 집중하는 것을 뜻한다. 그가 아주 사소한 과정까지도 100퍼센트로 몰입할 것을 강조하는 이유는, 99퍼센트의 노력을 하더라도 마지막 1퍼센트를 게을리하면 그동안 쏟아부은 시간과 노력, 지혜 등이 날아갈 수 있기 때문이다. 그는 평소 모든 일에 정성을 다하는 습관을 들이다 보면 자연스럽게 매사에 집중력을 발휘하게 된다고 이야기한다. 이를 통해 실수가 줄고, 문제가 발생하더라도 곧바로 핵심을 파악하게 되는 것이다. 이는 곧 메타인지 말하기가 추구하는 바와도 같다.

이 순간이 마지막이라는 자세로 임하는 것이 처음에는 힘들게 느껴질 수 있지만 반복하다 보면 자연스러운 습관으로 자리하게 될 것이다. 정성을 다하는 태도는 지금 당장은 상대방을 위하는 것처럼 보이지만 궁극적으로는 스스로의 삶을 주체적으로 살게 해주는 원동력이 된다.

외국에서 볼 때마다 신기했던 풍경은 처음 보는 사람들이 "Hi!", "Hello!" 하고 웃으며 인사를 건네는 모습이었습니다. 반면에 저는 씩씩하게 걷다가도 갑자기 인사를 받으면 "하이, 헬로우…" 하고 기어 들어가는 목소리로 수줍게 손만 쓱 올렸지요.

우리말 인사도 마찬가지였습니다. 저는 사람의 눈을 보고 말하는 것이 무척 쑥스러웠어요. 어릴 적에는 할머니께 "안녕하세요" 인사드리는 게 부끄러워서 문 뒤에 숨어 운 적도 있었답니다.

그런데 이런 엄마의 배 속에서 태어난 아이는 매일 저의 눈을 보며 인사를 합니다. 자기 전에는 "엄마 좋은 꿈 꿔. 굿나잇!" 하고요. 일어나면 "와! 아침이다! 엄마 해가 떴어! 일어나!"라고 말해줍니다. (대부분 제가 늦게 일어납니다.) 또 갑자기 다가와 "사랑해!" 하고 말해주며 심쿵 선물을 주기도 해요. 저의 어린 시절과는 정말 다른 모습이지요?

방송을 하면서 어린 시절 부끄럼 많던 모습을 이겨낸 뒤 아이에게 자주 마음을 표현해주다보니, 이제는 아이가 저에게 들려주게 된 것입니다. 이 한마디 인사말이 얼마나 행복을 주는지, 늘 고마운 마음입니다.

밝게 건네는 인사는 긍정적인 힘이 됩니다

이웃을 만날 때나 사회생활을 할 때 "좋은 아침입니다!", "식사는 하셨어요?", "고생 많으셨습니다", "아이고, 애 많으셨네요. 푹 쉬세요" 하고 건네는 인사말이 주는 힘은 무척 큽니다. 듣는 사람에게도 힘을 주지만 말을 하는 스스로에게도 긍정적인 에너지가 되어요. 누군가의 힘찬 인사말 한마디에 사무실 전체 분위기가 달라진 경험 있으시죠? 밝은 인사말은 듣고 또 들어도 기분이 좋습니다.

그러나, 글로만 보면 뻔하고 쉬운 "좋은 아침입니다!"를 실제로 말해보면 이처럼 오글거리는 말도 없습니다. 연기하는 것 같기도 하고요. "좋은 밤 보내세요." 라디오 DJ도 아니고 내가 실제로 말해도 될까 싶습니다. "말씀 많이 들었습니다. 반갑습니다." 드라마에서나 보던 대사 같아서, 막상 내가 말하려니 쑥스럽습니다. 그러나 듣는 사람은 그렇지 않습니다. 자신 있게 말씀해주시면 인사를 받는 사람은 그저 고맙고 좋게만 들립니다. 눈을 마주치며 정확하고 분명하게 인사말을 건네시면 주의 깊게 나를 보지 않았던 사람도 한 번 더 바라보고 기억할 것입니다. 힘찬 인사말 안에는 자신감, 신뢰감, 긍정적인 성격 등 많은 것이 담겨 있기 때문입니다.

인사말은 자체로 힘이 나고 기분이 좋아지는 신비의 언어입니다. 이 안에는 상대방에 대한 배려와 사랑이 담겨 있습니다. '지금부터 나는 멋진 드라마 속 연기자다!'라고 상상해보면서 다음의 대사들을 힘차게 외쳐보시겠어요? 환한 미소와 함께 말씀해주시면 당신은 매력 넘치는 사람이 될 수 있습니다. 하루에 한 가지만이라도 꼭 실천해보세요! 잠깐의 마주침도 기분 좋은 시간이 될 것입니다.

① 안녕하세요! 오랜만에 봬요. 그동안 잘 지내셨어요?

② 안녕하세요! 식사는 하셨어요? 맛있게 하시고요. 다음에 또 뵙겠습니다.

③ 안녕하세요! 좋은 아침입니다. 일 보러 가시는 거예요?

④ 오늘 정말 고생 많으셨습니다. 푹 쉬시고요. 그럼, 내일 뵙겠습니다.

⑤ 안녕하세요! 참, 소식 들었어요. 정말 축하드립니다!

⑥ 감사합니다.

communication

만나기 전 준비는 필수

이탈리아 토리노 박물관에는 기회의 신 카이로스의 조각상이 있다. 앞머리는 덥수룩하나 뒤는 대머리인 우스꽝스럽게 생긴 이 조각상 아래에는, 그 의미를 설명하는 글귀가 있다.

"내가 발가벗은 이유는 사람들의 눈에 잘 띄기 위함이다. 앞머리가 많은 이유는 사람들이 나를 쉽게 붙잡을 수 있도록 하기 위해서이며, 뒷머리가 대머리인 이유는 지나가 버리면 다시는 붙잡지 못하도록 하기 위함이다. 어깨와 발꿈치에 날개가 달린 이유는 최대한 빨리 사라지기 위함이며 저울과 칼을 들고 있는 이유는 기회가 왔을 때 정확히 판단하고 결단하라는 이유다. 나의 이름은 '기회' 카이로스(Kairos)다."

살아가면서 기회는 예기치 못한 순간에 찾아온다. 지금이 기회임을 알아차리더라도 준비되어 있지 않으면 이는 순식간에 날아가 버린다. 반면에 준비된 말하기는 위기를 기회로 만들어주고 스치는 만남도 인연으로 발전시켜준다.

◗◗ 사전 조사를 통한 공부는 기본 예의다

실화를 바탕으로 한 영화 〈악마는 프라다를 입는다〉에는 카리스마 넘치는 편집장 메릴 스트립(미란다 역)이 파티에서 초대 손님들을 만나는 장면이 나온다. 이때 편집장의 바로 곁에는 그녀의 똑똑한 비서 앤 해서웨이(앤디 삭스 역)가 있다. 이날 비서의 역할은 편집장에게 사람들이 다가올 때마다 그들의 신상 정보를 조용히 알려주는 것이다. 혹시라도 민감한 사안은 언급하지 않도록 최신 동향까지 일러준다. 이 역할을 위해 비서가 전달받은 파일의 두께는 어마어마하다. 편집장 정도의 높은 위치라면 누구든 부담 없이 만나면 될 텐데 이렇게까지 철두철미하게 준비하는 이유는 무엇일까?

상대방에 대해 잘 알고 있고, 지난 만남에서의 대화를 기억하고 있다는 것은 관심과 예의를 뜻하기 때문이다. 반면에 지난번 나누었던 이야기를 자꾸 잊어버리거나, 명함에 적혀 있는 회사 이름마저 틀린다면, 상대방은 본인을 존중하지 않는다고 느낄 수 있다. 친구 사이라면 서운함이 쌓여가고 회사의 이해관계가 얽힌 사이라면 생각지도 못한 말실수로 계약이 파기되거나 협찬이 끊기는 등 불상사가 발생할 수도 있다. 그녀가 아주 작은 것도 놓치지 않으려는 이유는, 알고 보면 이 사소한 준비가 미래를 좌우할 수 있기 때문이다.

사전 준비를 철저히 하는 것은 우호적이고 원활한 메타인지 대화를 이끌어가기 위한 필수 요소다.

◖◗ 철저한 준비는 좋은 시간을 만들어준다

약속이나 미팅이 잡히면 지금도 꼭 하는 일이 있다. 상대방에 대하여 공부를 하고 만나는 것이다. 적어도 그 사람이 일하는 분야나 근황 등 기본적인 정보만 알고 만나도 대화의 소재가 풍부해진다. 침묵이 생겼을 때 뉴스나 날씨 이야기를 하는 것도 좋지만 상대방과 관련된 질문을 건네며 이야기를 열어가면 훨씬 즐겁고 친근한 시간을 보낼 수 있다.

사전 조사가 루틴으로 자리 잡게 된 계기는 시사 라디오를 진행하면서부터였다. 생방송으로 여러 패널과 전화 연결을 하며 프로그램을 끌어가야 하다 보니, 주제 내용뿐만 아니라 출연자가 어떤 사람인지에 대해서도 알고 있어야 어떤 상황에서든 유연하게 대처를 해나갈 수 있었다. 미리 넉넉히 공부를 해놓으면 대본과 다른 답변이 나오더라도 당황하지 않고 주제에서 벗어나지 않은 방향으로 중심을 지키며 대화를 이끌어갈 수 있었다.

북콘서트 행사를 할 때는 저자와 사전 미팅을 하며 준비한 시간이 진행할 때 많은 도움이 되었다. 현장은 언제나 대본대로 흘러가지 않았다. 어떠한 청중들이 오고, 저자가 답변을 어떻게 들려주냐에 따라 다른 분위기가 형성되었다. 이때 사전에 저자와 충분히 나눈 대화의 시간은 현장을 융통성 있게 끌고 갈 수 있는 힘이 되었다. 가령 저자께 1번 질문을 드렸는데 3번 답변을 주시면 자연스럽게 1번에 대한 답을 유도하며 추가 보완 질문을 건넬 수 있었다. 2번 질문을 드렸는데 긴장되어 다소 딱딱한 답을 주시면, 그가 사전 미팅 때 즐겁게 이야기해주었던 5번 질문으로 바로 넘어가기도 했다. 그러면 저자도 점점 편안한 마음으로 임하며 관객들과 즐겁게 소통하는 모습을 보여주었다.

● 언제나 예측된 만남일 수는 없다

약속이 잡힌 경우에는 상대방에 대해 미리 공부를 하면 되지만 언제나 예측된 만남만 다가오는 것은 아니다. 그럼에도 불구하고 말을 잘하는 사람들은 어떤 상황에서든 이야기를 잘 이끌어간다. 어떻게 가능한 걸까?

그들의 머릿속에 이야깃거리들이 풍성하기 때문이다. 세상을 향한 호기심과 경험, 독서를 통해 채운 '지적 대화를 위한 넓고 얕은 지식'이 가득하다. (물론, 깊은 지식인 분들도 많다!)

영어 교재 《천일문》의 저자인 김기훈 스타강사는 영어를 잘하는 비결에 대하여 이렇게 말한다. 유튜브 채널 '영알남'에 출연하여 인터뷰한 내용이다.

영어를 잘하려면 '박학다식'해야 합니다. 단순히 단어를 알고 문장 단위 해석을 한다고 하여 듣는 내용과 읽은 내용을 제대로 이해할 수 있는 것은 아니기 때문입니다. '지식 기반'이 있어야 이를 제대로 받아들일 수 있습니다. 이를 위해 풍부한 상식을 쌓고 지적 호기심과 깊이를 늘려야 합니다.

아무리 영어 단어를 많이 암기하고 문장 해석을 잘하더라도 이야깃거리가 풍부하지 않다면 영어 회화를 잘할 수 없다는 설명이었다. 이 부분에서 깊이 공감했던 이유는 우리 말하기 또한 마찬가지이기 때문이다. 아무리 평소 한글 자음모음표를 보며 정확한 발음을 연습하고 아나운서의 목소리로 말을 하더라도, 정작 내 안에 콘텐츠가 풍부하지 않으면 매력적인 대화를 오래도록 이끌어갈 수 없다.

어디서 누구를 만나더라도 즐거운 대화를 나누기 위해서는 콘텐츠 창고가 가득 채워져 있어야 한다. 이를 위해 뉴스를 보고 책을 읽으며 나만의 '생각'을 정리해본다면 흘러가는 정보들을 '나만의 이야기'로 만들어가는 데 도움이 될 것이다.

🔘 항상 준비되어 있어야 한다

화장을 하고 옷을 예쁘게 차려입은 날에는 길을 걸을 때 당당하다.
'아, 오늘 모습 괜찮은데 누구 안 지나가나? 어디 아는 사람 없나?'
씻지도 못하고 추레하게 나온 날에는 누구라도 만날까 겁이 난다.
'제발… 제발… 집에 도착할 때까지 아무도 안 만나라… 안 만나라….'

그러나 그런 날에는 꼭 누군가를 마주친다. 기회라는 녀석이 마치 준비가 덜 되어있을 때 찾아오는 느낌처럼 말이다. 우리가 평상시 메타인지 대화를 준비해야 하는 이유다.

🌑 그냥 찾아오는 행운은 없다

얼마 전 공동 창업으로 회사를 키워가고 있는 한 CEO에게 이런 질문을 드렸다.

"사람들이 운 좋다는 말 많이 하지 않나요? 두 분이 만나서 새로운 사업을 시작한 지 얼마 안 되었는데 마침 반응이 좋으니까요."

그러자 그는 한참 동안 생각에 잠기더니 진중한 표정으로 이런 답변을 들려주었다.

"사실 그런 이야기를 많이 들었습니다. 물론, 맞는 말씀이시지요. 그러나 저는 그렇게 생각하지 않습니다. 표면적으로는 두 사람이 만난 지 얼마 안 되었지만 그전까지 각자 주어진 환경에서 경험과 노하우를 쌓아온 시간들이 있었기 때문입니다. 따라서 저는, 회사가 세워진 지는 1년이 안 되었지만 실질적으로는 10년이 넘는 시간을 담고 있는 것과 같다고 생각합니다."

그의 이야기를 들으면서, 한 사람이 다가올 때는 그의 과거와 현재, 그리고 미래가 함께 오는 것이라는 정현종 시인의 〈방문객〉 글이 떠올랐다. 성공한 사람들의 이야기에는 우연한 만남, 우연한 기회의 스토리가 등장한다. 그러나 이는 그냥 찾아온 행운이 아니다. 그 기회를 잡기 위해 준비해온 그의 과거와 현재, 미래 모두가 담겨 있다.

　천 냥 빚도 갚아주고 안겨다줄 그 한마디를 위하여 우직하게 준비해보자. 옛사람들이 기우제를 지낼 때마다 반드시 비가 내렸던 이유는, 비가 올 때까지 기우제를 지냈기 때문이다. 항상 준비하고 공부하며 자기 관리를 하다 보면, 어느새 자연스럽게 '말잘러'가 되어 기회를 잡고 있는 나 자신을 발견할 수 있을 것이다.

`HOW TO` 시련을 이겨낸 뒤 당신의 이야기를 들려주세요

　도무지 길이 보이지 않아 눈앞이 캄캄할 때가 있었습니다. 주위 사람은 다 잘 나가는데 왜 나만 제자리걸음인지 원망하는 마음이 가득하기도 했습니다. 모두가 크고 멋진 회사에 다니는데 보따리장수처럼 옷과 구두, 메이크업 도구를 바리바리 싸들고 승객이 가득 찬 지하철에 몸을 꾸겨 넣으며 한숨을 쉰 날도 많았습니다.

　간절히 원했던 진행자를 뽑는 최종 면접 자리였습니다. 밝고 유쾌한 면접자께서 저의 이력서를 보시더니 농담처럼 한마디 건네셨습니다.

　"잡초처럼 살았구먼!"

　워낙 여러 곳의 방송국을 동시에 다니며 일하다 보니 이력서가 빽빽했는데요. 이를 보고 말씀하신 듯했습니다. 그래서 저는 고민할 필요도 없이 활짝 웃으며 말했습니다.

　"네! 맞습니다! 잡초처럼 살아왔습니다! 잡초는 생명력이 뛰어납니다. 시켜주시면 열심히 하겠습니다!"

조금은 놀라기를 바라며 장난삼아 말씀하셨는데 당찬 모습을 보여드리니, 면접관에서는 당황한 듯 허허 웃으셨습니다. 그리고 면접을 마친 뒤 이런 말씀을 해주셨습니다.

"꼭 성공해라! 그래야 열심히 살아온 길에 의미가 생긴다."

이 말씀이 어찌나 힘이 되던지, 주저앉고 싶을 때마다 반드시 성공하여 힘들었던 여정에 의미를 주고 싶다는 마음이 솟아났습니다.

뒤로 물러날수록 앞으로 나아가는 그네

이제는 제법 그네를 잘 타는 제 아이는, 날이 갈수록 더 많이 밀어달라고 말합니다. "더 세게! 더 높이! 더 멀리!" 힘차게 그네를 내보내기 위해 제가 할 수 있는 일은 그만큼 뒤로 잡아당기는 것입니다. 그네는 많이 물러날수록 앞으로 더 전진하기 때문입니다.

시련이 지독히도 끝나지 않는다고 느껴질 때는, 앞으로 더욱 전진하기 위해 한 보 더 뒤로 물러나는 중이라고 생각해보시면 어떨까요?

아주 작은 후퇴도 그네는 모두 기억하고 있습니다.

반드시 뒤로 간 그만큼 앞으로 더 나아가기 때문입니다.

멋지게 시련을 극복하신 뒤에는 당신의 이야기를 꼭 들려주세요. SNS, 블로그, 편지, 저서나 강의 뭐든 좋습니다. 당신만의 스토리는 반드시 사람들에게 힘과 용기가 될 것입니다.

4

상대에게 진심이어야 한다

인터뷰나 대담 형태의 방송을 자주 보는 편이다. 출연자의 이야기를 듣는 것도 즐겁지만 인터뷰어가 질문하는 모습을 보는 것을 좋아하기 때문이다. 그중 인터뷰어에 특히 주목하게 되는 프로그램이 있다.

바로 유튜브 채널 '천재이승국'이다. 이 채널의 주인공인 이승국 씨는 오디션 프로그램 〈싱어게인〉에서 최종 우승을 차지한 가수 이승윤 씨의 형이기도 하다. 그는 이 채널을 통해 자신이 본 영화를 소개하기도 하고 유창한 영어 실력을 바탕으로 유명 영화배우들을 인터뷰하기도 한다. 그의 가장 큰 장점은 상대방을 존중하고 배려하는 자세를 통해 인터뷰이에게 감동을 준다는 점이다. 가장 화제가 되었던 것은 2019년 〈분노의 질주〉 개봉을 앞두고 할리우드 배우 드웨인 존슨과 나눈 5분 남짓의 짧은 인터뷰 영상이었다. 2년 전에 올라온 이 영상은 현재 조회수 750만 회에 이른다. (2022년 7월 기준)

● 짧은 시간 안에 할리우드 배우를 사로잡은 비결

할리우드 배우들은 워낙 바쁜 스케줄로 움직이기 때문에 유튜버 이승국 씨에게 주어진 시간은 단 5분에 불과했다. 그는 이 짧은 시간 동안 세 가지의 질문을 건넸고 드웨인 존슨은 대답하기에 앞서 "이런 좋은 질문을 건네주어 정말 고맙다"며 반짝이는 눈으로 감사 표현을 했다.

대표적인 질문으로 그는 드웨인 존슨에게 하와이에서 사모아 문화를 전하는 영화를 만들고 개봉할 수 있어 자랑스러울 것 같다는 이야기를 건넨다. 드웨인 존슨이 사모아 혈통에서 태어난 배우인 점을 주목한 것이다. 이러한 사실은 할리우드에서는 크게 관심 받지 못하는 일이었다. 드웨인 존슨은, 이 질문을 들으면서 벅차오르는 표정을 짓는다. 그리고 사모아 문화에 대해 말할 수 있어 행복하다며 감사의 마음을 전한다.

이승국 씨는 영화를 보지 않아도, 그 사람에 대해 자세히 알지 않아도 누구나 건넬 수 있는 뻔한 질문은 하지 않는다. 상대방을 존중하고 해당 영화를 열정적으로 관람한 사람만이 가져볼 수 있는 애정 깊은 질문들을 건넨다.

그의 인터뷰를 좋아하는 또 다른 이유는, 다른 방송에서는 들을 수 없던 새로운 이야기들을 통해 출연자의 숨은 매력을 만나볼 수 있기 때문이다. 출연자가 인터뷰 프로그램에서 좋은 답변을 들려주려면 어떤 전제 조건이 필요할까?

첫째로, 좋은 질문이 주어져야 한다.

아무리 인터뷰이가 시청자들과 유익하고 감동적인 이야기를 나누고 싶더라도 질문이 '좋아하는 한국 음식은? 이 영화의 관전 포인트는? 끝으로 하고 싶은 말은?'과 같이 수박 겉핥기식이라면 진정성을 전하는 데 한계가 있다. 현문현답(賢問賢答). 좋은 질문이 건네져야 대답 또한 잘 나올 수 있는 것이다.

둘째로, 마음이 편안해야 한다.

인터뷰는 방송이지만 본질은 사람과 사람 사이의 '대화'다. 따라서 인터뷰어가 누구냐에 따라 출연자의 대화 내용과 깊이는 달라질 수밖에 없다. 좋은 친구를 만나면 편안한 마음으로 이런저런 이야기를 들려주게 되는 것처럼 스타도 좋은 인터뷰어를 만나면 웃으며 편안하게 대화에 임하게 된다. 상대방을 향한 배려 있는 태도는 이렇듯이 출연자의 마음을 활짝 열어줌으로써 시청자에게 유익하고 감동적인 이야기를 선사하는 데 도움을 준다.

좋은 인터뷰, 좋은 방송, 좋은 대화 모두 '진심'이 만든다. 이러한 프로그램은 시청자들이 알아봐 준다. 조회 수가 올라가고 구독자가 늘어나며 너도나도 출연하고 싶어 한다. 이승국 씨는 그 후로도 드웨인 존슨을 새로운 개봉작으로 또 만났으며, 영화 제작사 블룸하우스 CEO, 〈위쳐〉 제작자 등 쟁쟁한 사람들의 인터뷰를 이어가고 있다.

인터뷰이가 누구든 편안하고 자연스러운 대화를 이끌어가는 그의 말하기를 볼 때마다 메타인지 대화가 가능하기 위해서는 항상 상대방에게 주파수가 맞추어져 있어야 함을 느낀다. 더불어 이를 가능하게 하는 것은 대화에 임하는 진심 어린 태도일 것이다.

● 상대방을 빛내주고 싶은 마음

그동안 일을 하면서 언제 사람들의 반응이 좋았는가를 떠올려보니 모두 '상대방이 잘되기를 바라는 마음'으로 임했을 때였다. 방송을 할 때 출연자가 빛났으면 하는 마음으로 진행하면 인터뷰이의 매력이 잘 드러났다. 코칭을 할 때도 수강생이 정말 잘되었으면 좋겠다는 마음으로 임할 때 실력이 더욱 눈에 띄게 늘어난다. 영업이나 프레젠테이션 발표는 전혀 다른 영역일까? 어떤 자리에서든 사람과 사람이 마주하는 모든 대화에서 마음을 움직이는 요소는 같다.

아무리 영업을 위한 상품 소개를 열심히 하더라도 고객에게 도움을 주고 싶은 마음이 없으면 이는 은연중에 드러난다. 자동차 판매원들이 모두 똑같은 자동차를 파는데 왜 어떤 사람은 고객이 꾸준히 늘고 어떤 사람은 낮은 순위에 머물러 있겠는가! 같은 차를 팔아도 선호도가 높은 판매원은 고객을 대하는 태도가 다르다. 어떻게든 좀 더 합리적인 가격과 혜택을 주기 위해 노력하며 고객의 고민이

나 불만 사항도 최선을 다해 들어준다. 이러한 모습을 통해 고객들은 알게 된다. '아, 적어도 이 사람은 단순히 상품만 판매하는 사람은 아니구나. 믿을 수 있는 사람이다' 하고 말이다.

면접 때도 진심은 드러난다. 나의 커리어를 위해 잠시 이 회사를 이용하려는 사람과 진정으로 회사가 좋아 도움 되는 인재가 되고자 하는 사람은 눈빛과 말투에서부터 차이가 난다. 프레젠테이션 발표 또한 마찬가지다. '시키는 일 대충 빨리하고 말지' 하는 사람과 '듣는 사람들에게 이 발표가 도움이 되도록 열심히 해보자!' 하는 사람은 PPT 구성에서부터 오프닝 대사, 스피치 전달력, 자세 전부가 달라진다.

많이들 '진심을 다해야 한다'고 말한다. 그런데 어떨 땐 도대체 이 진심이 무얼 말하는지 헷갈릴 때가 있다. 그럴 때는 이렇게 생각해보자.

진심이란 상대방에게 '도움'이 되고 싶은 간절한 마음이다.

`HOW TO` 충격을 흡수해주는 에어백 말하기

아무리 노력해도 기분 좋게 듣기 어려운 말. 나를 지적하고 조언하는 말입니다. 머리로는 좋은 뜻인 줄 알지만, 마음이 상하기도 쉽습니다. 그러나 살아가다 보면 서로 잘못을 지적하고 반박하고 해명하는, 긍정적이지만은 않은 말을 해야 할 때가 많습니다. 이런 경우 말하는 사람은 신중해집니다. 자칫 오해가 생겨 관계가 틀어질 수도 있기 때문입니다. 꽝 하고 자동차가 충돌할 때 충격을 흡수하여 안전을 지켜주는 에어백. 말을 할 때 에어백을 작동할 수는 없을까요? 가능합니다.

말을 잘하는 사람들은 아픈 말을 하기 전이나 후에, 반드시 상대방의 마음을 인정하고 알아주는 에어백(airbag) 말하기를 합니다.

누구든 느닷없이 지적 사항을 듣게 되면 나의 존재마저 부정하는 것 같아 기분이 나빠집니다. 그러나 나를 인정해주는 말로 내 마음을 알아준다면 같은 조언도 부드럽게 다가옵니다. 배려하고 존중하는 마음이 느껴지기 때문입니다.

에어백 말하기를 정말 잘하는 대표적인 분은 오은영 박사님입니다. 채널A〈요즘 육아 금쪽같은 내 새끼〉에서 부모님에게 솔루션을 드릴 때 반드시 에어백 말하기를 실천합니다.

사실, 완벽한 엄마가 어디 있겠습니까? 한 명도 없어요. 지금 우리 어머니도 사실 너무나 훌륭하게 잘하고 계신 거예요. 그래도, 조금만 우리가 더 나아지기 위해 한 말씀만 드려볼게요. 괜찮으시죠? (조언 시작)

직장 다니랴 어르신들 챙기랴 엄마 몸이 두세 개가 아닌데 얼마나 힘드시겠어요. 네, 다 알지요. 이거는 엄마가 잘못한 게 아니라 누구나 처음에는 모를 수밖에 없는 거예요. 지금부터 하나하나 배워가면 되는 겁니다. (조언 시작)

에어백 말하기는 직장 생활을 할 때도 충분히 활용할 수 있습니다. 지적 사항을 말할 때마다 상대방의 마음을 알아주는 긍정적인 언어를 한 가지만이라도 함께 건네보세요.

얼굴이 피곤해 보이네. 밤 샜니? 고생했네. 자료 만들어온 것 보니까 전체적으로 정말 잘했더라. 그런데 여기 한 군데 5페이지를 보면…. (조언 시작)

이거 직접 아이디어 다 생각해낸 거야? 이야, 기발하네! 고생했다. 그런데 여기 이 부분만 조금 보완이 필요할 것 같아. (조언 시작)

고객(사)으로부터 언성 높은 말을 들을 수도 있습니다. 이때도 에어백 말하기로 강한 충격을 한번 흡수한 뒤 유연하게 해결해보시기 바랍니다.

Q. 지금 자료를 준다고 한 지 이틀이 지났는데 아직도 소식이 없어요. 어떻게 된 겁니까?

Airbag A. 아, 아직 자료를 받지 못하셨군요. 기다리면서 많이 불편하셨겠습니다. 늦어진 점 정말 죄송합니다. 얼른, 해당 부서에 확인하여 빠르게 조치한 뒤 바로 연락드리겠습니다.

Airbag A. 아, 저희 직원이 사은품을 보내준다고 했는데 못 받으셨군요. 기다리셨을 텐데 많이 당황하고 언짢으셨겠습니다. 신속히 담당 직원에게 확인하여 빠르게 조치하도록 하겠습니다. 정말 죄송합니다.

에어백 말하기는 부모 자식 사이에서도 반드시 필요합니다. 이는, 저도 늘 노력하고 있는 부분이랍니다.

(상황 : 아이가 물감 붓으로 바닥에 그림을 그렸다.)
no Airbag Q. 지금 여기에 무슨 짓을 한 거야? 당장 그만두지 못해? 이거 네가 치울 거야?
A. (영문도 모르고 서럽게 운다.)

Airbag. Q. 와, 이거 뭐 그린 거야? 정말 잘 그렸네! 그런데 이렇게 붓으로 바닥에 그리는 건 안 돼. 그림은 여기에 있는 스케치북 종이에 그려야 돼요. 알겠지?

(상황 : 아이가 소파 아래 공간에 물건을 계속 넣고 있다.)
no Airbag Q. 누가 여기에 물건 넣으래! 어휴. 내가 정말 못살아! 언제 또 이렇게 많이 넣은 거야?

A. (영문도 모르고 서럽게 운다.)

Airbag. Q. 이 속에 물건이 엄청 많네? 여기에 왜 넣는 거야?
A. 꼭꼭 숨어라 하는 거야!
Q. 아, 지금 물건들이 꼭꼭 숨어라 하고 있는 거구나? 그런데 이렇게 소파 아래 물건을 넣으면 안 돼. 꺼내기도 힘들고 먼지도 쌓이거든. 우리 저기 상자나 이불 속에 숨겨볼까?

   Tip. 에어백 말하기는, 상대방의 입장이 되어 마음을 알아주는 것입니다. 이를 통해 상대방도 기분 나쁘지 않게 부탁받은 것을 들어줄 수 있습니다. 에어백 말하기는 궁극적으로 나의 말에 힘을 실어주는 역할을 하게 될 것입니다.

5

질문의 의도를 파악한다

"윤지야, 항상 무언가를 볼 때는 말이지. 앞에 보이는 이 면만 보지 말고 이렇게 위에서도 보고, 아래도 보고, 돌려서 옆으로도 보고 해야 해. 알겠지?"

대학생 때 어머니께서 갑자기 머그컵을 드시더니 진지하게 말씀하셨다. 나의 사고방식이 단순해서 걱정이라며 컵을 이리저리 돌리며 다각도로 바라보라고 조언해주신 것이었다.

'컵을 360도로 다 봐야 한다고? 이게 무슨 말이지?'

이런 나의 단무지 기질은 아나운서 시험을 준비하면서 단번에 드러났다.

아나운서 아카데미에서 인생 처음으로 면접을 보았던 날이었다.

모의 면접이었지만 내게는 최초의 사회 면접이었다. 떨리는 두 다리에 힘을 준 채 마른 침을 꿀꺽하며 질문을 기다리고 있었다.

"이윤지 씨는 별명이 뭐예요?"

오호라! 어려운 질문이 올까 봐 걱정했는데 별 하나 난이도였다. 망설이지 않고 활짝 웃으며 씩씩하게 대답하였다.

"네! 저의 별명은 개구리 왕눈이 여자친구 아롱이입니다!"

1초, 2초, 3초, 침묵이 흘렀다. 갑자기 조용하던 면접장이 푸하하 웃음으로 가득 찼다. 그야말로 사람들이 박장대소하기 시작했다. 나는 어안이 벙벙해서 이유를 모르겠다는 표정으로 선생님을 바라보았다. 한참을 웃으신 뒤 선생님께서는 말씀하셨다.

"윤지야, 별명을 이야기했으면 바로 그 이유를 같이 말해줘야지. 면접관이 진짜로 듣고 싶은 내용은 그 별명을 갖게 된 '이유'야."

나는 별명을 물어보았으니 그저 내 '별명' 그 자체가 궁금한 것인 줄 알았는데 알고 보니 그 '이유'가 궁금했던 것이었다. 끄덕거리긴 했으나 그때까지만 해도 그 말이 완전히 이해되지는 않았다.

'내 참, 별일이야! 그렇게 궁금하면 면접관님이 "왜 아롱이가 별명이지요?" 하고 물어보시면 되지 내가 그 이유까지 매번 다 말해줘야 하나?'

아직은, 어머니께서 우려하신 '앞면만 바라보기' 말하기를 하고 있었다. 나의 단무지 면접은 계속되었다. 얼마 후에는 얼떨결에 한 지방 방송사의 최종 면접까지 올라가게 되었다. 내 차례가 되어 주어진 대본을 리딩하자마자 면접이 시작되었다. 순조롭게 진행되던 중 한 분이 이런 질문을 던졌다.

"지금 그 헤어스타일은 어떻게 하게 된 거예요?"

그날 처음으로 올백 머리를 시도해보았는데, 정말 예상치 못한 질문이었다. 이에 나는 망설임 없이 답변을 했다.

"아! 네. 저희 엄마가 올림머리를 하면 예쁠 것 같다고 해서 한 번 해보았습니다!"

1초, 2초, 3초 침묵, 땡! 이번에도 면접관 모두가 빵 터지며 박장대소로 웃기 시작하였다. 역시 어안이 벙벙했다.

'왜들 웃으시지? 내가 뭐 잘못 말했나?'

그런데 그 질문 이후부터 갑자기 면접관들이 나를 동생 대하듯 이야기를 건네기 시작했다. 그러다가 마지막에 한 분이 말씀하셨다.

"네. 이윤지 씨 너무 잘하셨는데요. 조금 더 있다가 오세요."

정확한 대사는 기억나지 않지만 내 귀에는 '좀 더 성장해서 오렴, 아가야?' 하는 느낌의 이야기로 들렸다. 기분이 나쁜 어투는 아니었고 다 함께 어르고 달래며 응원해주는 분위기였다. 도대체 내가 무얼 잘못한 걸까?

만일 지금의 내가 같은 면접장에 있다면 이렇게 답했을 것이다.

"아, 네. 그동안 단정한 단발머리를 주로 하다가 오늘 새로운 느낌을 주기 위해 처음으로 올림머리를 시도해보았는데요. 어떻게, 보시기에 잘 어울리는지 모르겠습니다. (미소) 제가 사실은 짧은 머리도 무척 잘 어울립니다. 입사하여 꼭 보여드리고 싶습니다! 다양한 스타일로 프로그램에 맞게 카멜레온처럼 변화하는 아나운서로서

○○○ 방송국에, 또 시청자분들에게 매일 신선한 진행을 보여드리겠습니다."

이렇게 말이다. 사실, 올림머리가 매우 잘 어울렸다면 면접관이 굳이 저런 질문을 건네지 않았을 것이다. 이러한 숨은 의도를 파악하고 다른 더 잘 어울리는 스타일이 있다는 점을 적극적으로 어필했으면 좋았겠다는 생각이 든다.

모든 말 속에는 말하는 사람의 '진의'가 담겨 있다

대화 전체를 아우르는 메타인지 말하기를 하기 위해서는 상대방의 질문과 내게 건네는 말의 '의도'를 파악할 수 있어야 한다. 일단, 사람들이 나에게 하는 말의 숨은 뜻을 파악하지 못하면 일단, 상대방의 요구에 적절한 반응을 하기 어렵다. 이런 경우 원활한 소통이 어려워진다.

안타까운 점은 이렇게 의도를 파악하지 못하면, 이로 인해 오해의 상황이 펼쳐져도 문제의 원인을 알아채기가 어렵다는 점이다. 소통이 잘 이루어지지 않을 때마다 모든 원인을 상황과 상대방 탓으로 돌려버릴 수도 있다.

원활한 소통을 이끌어주는 메타인지 대화를 하기 위해서는 평소 '저 사람이 하는 말의 진짜 의도가 무엇일까?' 하는 질문을 스스로 건네보는 것이 도움이 된다. 쉬운 예를 들자면, "덥지 않아?" 하고 상대방이 묻는다면, 이는 내가 더운지 정말 궁금한 의도도 있겠지만 진짜 물어본 이유는 창문을 열거나 선풍기를 틀어달라는 의미일 가능성이 높다.

"주말에 바빠?" 하는 질문은 내가 정말 주말에 바쁜지 궁금한 것이 아니라 주말에 함께 시간을 보내고 싶은 마음을 전하는 것이다.

다양한 인간관계를 맺고 사회생활을 하다 보면 상대방의 의중을 파악하여 면밀하게 대응해야 하는 순간이 자주 찾아온다. 항상 나를 사랑해주는 가족이라면 내가 숨은 뜻을 잘 몰라도 이해해줄 것이다. 그러나 반드시 상대방의 마음을 움직여 목적을 달성해야 하는 자리에 놓여 있다면 이는 나의 성과와 일의 영속성, 인간관계의 지속성에도 직접적인 영향을 끼치게 된다.

상대방이 건넨 말에 대하여 그 의도를 360도 다방면으로 분석하는 연습을 생활화한다면 입체적인 소통이 가능한 메타인지 대화를 즐길 수 있게 될 것이다.

🔘 상대방이 한 말에 대하여 궁금증을 가져보자

돌이켜보면 사회 초년생 때 나는 '저 사람이 왜 저런 질문을 했을까?'에 대한 생각 자체를 하지 못했던 것 같다. 항상 내가 하고 싶은 말과 나의 욕망에만 우선하다 보니 상대방의 마음까지 살펴볼 겨를이 없던 것이다.

내가 하고픈 말과 나의 욕망에 집중했던 이유는 내가 원하는 것을 갖고 싶었기 때문이다. 그러나 진짜 바라는 걸 얻기 위해서는 더더욱 그것을 줄 수 있는 '상대방'에게 집중했어야 했다. 나의 생각과 시선에 흠뻑 빠져서는 결코 상대방의 마음을 읽을 수도, 얻을 수도 없기 때문이다.

면접관이 던지는 모든 질문의 요지는 '그래서 너는 어떤 사람이고, 우리 회사에 어떤 도움이 될 수 있는데?'다. 따라서 우리는 대답할 때 '저는 이런 사람인데요. 이런 점으로써 회사에 도움을 드릴 수 있습니다!'의 구조를 갖추어야 한다.

고객이 건네는 질문의 요지는 '그래서 이 상품이 믿을 만하고, 나한테 도움이 되나요?'다. 따라서 항상 답변을 할 때는 '이 상품의 장점은 이런 점인데요. 당신에게 이러한 도움을 드릴 수 있습니다'가 되어야 한다.

상견례에서 어르신들이 던지는 '자네의 취미가 뭔가?', '우리 아이를 사랑하는 이유는 뭔가?'의 본질은 진짜 당신의 취미와 우리 딸을 사랑하는 이유가 궁금한 것이 아니다. 그래서 결국 '우리 아이에게 피해를 주지는 않을 건가?', '우리 아이를 정말 지켜줄 수 있는가?', '결혼하고 살았을 때 우리 아이에게 정말 잘해줄 건가?'다. 오직 자식의 안위를 걱정하는 부모의 마음 그 자체에 있다.

이러한 질문에는 "아! 네. 저는 테니스 치는 걸 좋아합니다. 하하.", "따님을 사랑하지 않을 사람이 있나요? 그냥 다 좋습니다. 히히"라고 답하기보다는 "아! 네 저는 테니스 치는 것을 좋아하는데요. 결혼을 하면 부부가 함께할 수 있는 운동을 같이 하는 게 저의 꿈입니다. 따님이 등산을 좋아하니까 주말이면 산도 같이 오르려고 하고요. 기회가 되면 테니스도 함께 배워서 같이 취미생활을 하면 좋을 것 같습니다", "따님을 사랑하지 않을 사람이 있겠습니까. 저에게는 존재 자체로도 감사이며 기쁨입니다. ○○를 만나 단 하루도 설레지 않은 적이 없습니다. 이렇게 귀한 따님을 만날 수 있어서 감사드리는 마음입니다. ○○와 살아가는 동안 우리 ○○가 고생 안 하도록 항상 위해주며 사랑해주겠습니다. 일도 더욱 성실히 열심히 하겠습니다" 하며 이 사람을 진심으로 사랑한다는 마음을 전해드려야 부모님의 마음도 안심이 되고 이 사람이라면 우리 아이의 짝이 되어도 좋겠다는 마음이 드실 것이다.

상대방의 질문의 의도를 파악하는 것이 어렵게 느껴질 수 있다. 그럴 때는 반대로 평소 내 질문들을 떠올리며 '내가 이 질문을 건넨 진짜 의도는 무엇이었는가'를 정리해보면 도움이 될 것이다. 상대방이 건넨 말의 숨은 의미를 파악하기 위해 노력하다 보면, 사람을 이해하는 데도 도움이 된다. 이러한 과정을 통해 원활한 소통이 가능해질 때 궁극적으로 내가 원하는 것에도 한 걸음 더 다가갈 수 있을 것이다.

HOW TO 발표 5분 전 청중과 미리 소통해보세요

발표 시작 전 5분은 청중과 친해질 수 있는 황금 타임입니다. 특히 행사 진행이나 강의일 경우 이 5분을 어떻게 활용하였느냐에 따라 그날의 분위기가 좌우된다고 해도 과언이 아닙니다.

청중에게 민망함을 주었던 진행자

아나운서를 준비할 때 TV 진행자의 모습을 보며 배우기 위해 방청

객 신청을 하곤 했습니다. 실제로 보았던 방송인들 모두 프로페셔널하고 멋진 진행을 보여주었는데요. 한 분의 모습을 계기로, 실제 무대가 시작되기 전 청중과의 소통이 얼마나 중요한지를 배울 수 있었습니다.

녹화를 앞두고 해당 진행자가 무대로 등장하기 시작했습니다. 카메라가 켜지기 전이었지만 저를 비롯한 수많은 청중들이 환호하며 맞이했지요. 그런데 어쩐 일인지 그분은 아무런 반응이 없었습니다. 조용히 마이크를 차고 대본을 보기 시작했어요. 흥겹게 박수를 치던 청중들은 점점 소리를 줄이고 무대를 바라보기만 했습니다. 처음에 저는 녹화가 곧 시작되어서 그러나 보다 생각했는데 대기 시간이 무척 길어졌습니다. 보통은 진행자가 청중에게 가벼운 인사를 건네는 모습을 주로 보아왔던 터라, 무대 한가운데에 덩그러니 서 있는 사람을 계속 바라보고 있자니 어색한 느낌이 들었습니다. 그러다가 드디어 큐 사인이 떨어졌습니다.

그런데 녹화가 시작되자마자 갑자기 180도 다른 모습으로 활짝 웃으면서 우리에게 인사를 건네는 것이 아니겠어요? 순간 얼마나 민망하던지, 아까 대기하는 동안 저 미소의 반의 반만이라도 보여주며 소통을 나누었다면 얼마나 좋았을까 하는 생각이 들었습니다. 실제로 그분이 텐션 높은 진행을 마치고 카메라가 꺼진 뒤 쌩하고 들어가자, 옆에 앉아 있던 한 분은 실없는 웃음을 짓기도 했습니다. 황당하다는 느낌으로 말입니다.

발표 전 청중과의 소통은 그날의 분위기를 좋게 만들어줍니다

청중은 남이 아니요, 병풍도 아닙니다. 발표자가 말을 하는 동안 파트너가 되어 호응해주고 응원을 보내줄 한 팀과도 같습니다. 실제로 발표를 할 때 청중들의 호응만큼 힘이 되어주는 것이 없습니다. 청중 또한 발표자의 따스한 한마디만큼 고마운 것도 없습니다. 따라서 발표 전 잠시라도 서로 소통을 나누면 발표 내내 긍정적인 에너지를 주고받는 힘이 됩니다.

저의 경우는 발표나 강의 현장에 미리 도착하면 일찍 와 계신 몇 분께 먼저 말을 건넵니다. 특별한 것은 아니고요. 모두 일상적인 이야기입니다.

"식사는 맛있게 하셨어요? 점심은 뭐 드셨어요? 이전 시간 강의에서는 어떤 거 배우셨어요? 연달아 들으려니 힘들지는 않으세요? 오늘 수업 직접 신청하신 거예요? 와, 커피 맛있겠네요!"

이렇게 강의 전에 먼저 이야기를 건네면, 어색하게 앉아 있던 분들도 점점 긴장을 풀면서 웃으며 답해주십니다. 같은 강의를 듣더라도 마음이 편안하면 수업능률도 더 높아지겠지요?

청중과 공통점으로 연결고리를 만들어보세요

혹은 청중에게 질문을 건네면서 공통점을 찾기도 합니다.

"혹시 진주가 고향인 분 계세요? 제가 진주 KBS에 있었거든요. 와! 반갑습니다. 명단을 보니까 광명에서 오신 분도 있으시네요? 제가 고등학교 다닐 때까지 쭉 광명에서 살았잖아요. 반갑습니다! 우와, 안동! 저 안동찜닭 정말 좋아하는데, 직접 가서 먹으니까 엄청 맛있더라고요!"

이렇게 서로 공통된 점을 찾아 이야기를 나누면 꼭 해당하는 분이 아니시더라도 재미있게 들으시면서 함께 웃으며 수업에 임해주십니다.《설득의 심리학》저자인 미국 로버트 치알디니 교수는 호감을 이끌기 위해 사람들과의 공통점을 찾아 어필하라고 말하는데요. 꼭 이렇게 출신 지역이 아니더라도 취미나 특기, 좋아하는 음악, 발표 장소에 대한 추억 등 어떤 주제든 괜찮습니다. 편안하게 비슷한 점을 찾아 이야기를 나누다 보면 청중들이 마음도 열어주시고 발표 내내 적극적으로 호응을 보내주시는 것도 느끼실 수 있을 거예요. 덕분에 발표자 또한 힘이 나서 하나라도 더 전해드리고 싶은 마음이 솟아나겠지요?

'칭찬은 고래도 춤추게 한다'는 말을 좋아합니다. 실제로 칭찬과 응원이 보내주는 힘을 현장에서 늘 실감하기 때문입니다. 발표자와 청중이 주고받는 긍정적인 에너지는 그날 발표를 성공적으로 이끌어주는 원동력이 됩니다. 발표 전 청중과 딱 5분만 편안하게 소통해보세요. 생각지도 못한 즐거운 발표 시간이 펼쳐질 것입니다.

5장

말만 잘하면
길게 멀리 볼 수 없습니다

1

끌리는 사람이 되어야 한다

'와! 내가 좋아하는 사람 강연이네! 들어야지!'

수많은 영상 중 평소 매력을 느꼈던 연사의 강연을 발견하면 무조건 클릭한다. 그의 생각과 살아온 인생이 궁금하기 때문이다.

신입 사원 전원이 모인 워크숍 현장, 유난히 관심을 끄는 사람이 있다. 그의 자기소개 차례가 되면 갑자기 조용해지고 사람들의 시선이 집중된다.

나의 이야기에 몰입시키기 위해서는 일단, 끌리는 사람이 되어야 한다. 메타인지 대화가 가능하려면 상대방이 나에게 눈과 귀를 열어주어야 하기 때문이다. 더불어 끌리는 사람이 되기 위해서는 무엇보다 상대방에게 긍정적인 인상을 줄 수 있어야 한다.

● 첫인상에 영향을 주는 요인들

깔끔한 옷차림과 반듯한 자세는, 자체로 신뢰감을 준다. 이 자리에 임하는 진중한 자세를 보여주기 때문이다. 운동으로 관리된 건강한 안색과 몸매는 목소리에 힘을 실어주고 눈빛을 맑게 해줌으로써 청중의 집중도를 높인다. 〈유퀴즈〉의 유재석, 조세호 씨의 경우도 매회 반듯한 정장에 깨끗한 헤어스타일과 흐트러짐 없는 자세를 유지한다. 이를 통해 출연자와 시청자들로 하여금 믿음을 준다.

커뮤니케이션 이론 중 '메러비언의 법칙'이 있다. UCLA 심리학과 앨버트 메러비안 명예교수가 《침묵의 메시지》라는 저서에서 발표한 것으로, 사람의 이미지에 영향을 주는 요인을 분석한 것이다. 놀랍게도 말의 내용 자체는 7%에 불과하며, 자세나 용모, 복장과 같은 시각적인 요소가 55%, 목소리의 톤, 음색과 같은 음성적인 요소는 38%라는 조사 결과가 나왔다.

상황을 예로 들어 살펴보자면 면접자가 문을 열고 들어오는 순간 면접관은 그 사람이 풍기는 분위기와 걸음걸이, 태도, 표정 등 한눈에 보이는 모습을 통해 합격 당락의 55%를 결정하고, "안녕하십니까! OOO입니다" 하는 음성까지 함께 듣는 순간 93% 정도는 마음의 결정을 이미 내릴 수 있다는 의미가 된다.

'아니, 아직 대화도 나누지 않았는데 첫인상으로만 판단한다니 너무 한 거 아닙니까!'

억울하게 느껴질 수도 있다. 그러나 우리 또한 첫인상에 따라 중요한 결정을 내리는 경우가 많다. 나는 전혀 안 그럴 것 같은가? 과

거의 소개팅 경험을 떠올려보자. 지금 나는 신촌역 3번 출구를 향해 올라가고 있다. 도착하면 상대방에게 전화를 하기로 약속한 상황이다. 자, 이제 통화 버튼을 누른다. 맥도날드 앞에는 수많은 이성들이 서 있다. 순간 1초도 안 되어 생각한다.

'아! 저 사람이 전화를 받았으면 좋겠다. 아, 저 사람만은….'

아니, 중요한 건 마음인데, 도대체 왜 첫인상으로 사람을 판단하느냐 말이다! (물론 해당 경험은 필자에게만 해당될 수도 있다. 그러나 대학 특강 시 이 대목에서 학생들이 박장대소하는 장면을 매번 목격하였다.)

물건을 구매할 때도 우리는 첫인상의 영향을 받는다. 상품에 대한 상세 설명이 다소 부족하더라도 감성적인 사진 한 장에 마음이 끌려 구매하기 버튼을 눌러본 경험이 한 번쯤은 있을 것이다.

끌리는 사람이 되려면 일단, 첫인상이 중요하다

따라서 우리는 호감 주는 인상을 만들기 위해 노력할 필요가 있다. 적어도 어두운 첫인상으로 나를 밀어내게 하는 상황은 방지해야 한다. 끌리는 이미지를 만드는 것은 거짓된 모습을 보이자는 것이 아니다. 나의 메시지 7%를 가장 효과적으로 전달하기 위해 내가 할 수 있는 범위 내에서 최선을 다해 자기 관리를 실천하자는 것이다.

어느 분야든 프로페셔널한 사람들은 한눈에 보아도 용모가 단정하며 본인에게 잘 어울리는 스타일을 갖추고 있다. 말을 할 때도 가볍지 않으며 한 마디 한 마디에 힘이 실려 있다. 이 모든 것이 한순간에 갖추어지지는 않았을 것이다. 누구나 아마추어 시절이 있지 않은가! 하루하루 자기 관리를 해나가고 내게 잘 맞는 스타일을 찾아가는 과정에서 호감 가는 인상과 용모를 만들어낼 수 있다. 이렇게 스스로에 대한 준비가 잘되어 있는 사람은 등장하자마자 시선을 끌고 신뢰감을 준다. 같은 말을 하더라도 더 주목받고 힘이 실린다.

맡은 일에 열정을 다하는 자세

끌리는 사람이 되기 위해서는 더불어 내가 맡은 일에 최선을 다해 임하는 태도가 필요하다. 가만히 있어도 자꾸 시선이 가는 사람은 어떤 사람일까? 무언가에 '집중'하고 있는 사람이다. 드넓은 커피숍에서도 주변을 의식하지 않고 몰입하여 일하고 있는 사람은 멀리서도 시선을 끈다. 오디션 프로그램을 보면 훌륭한 참가자들이 많이 등장하지만 결국 시청자들을 끌어당기는 사람은 자신의 무대에 온전히 '몰입'하고 있는 사람이다. 이는 그 순간에 모든 열정을 다하는 태도에서 나온다.

오래전 한 기업의 대표님께 이런 말씀을 들은 적이 있었다.

"최선을 다하는 사람에게는 하늘 냄새가 납니다. 분명 잘 될 것입니다. 힘내세요."

오뚝이 정신으로 도전하고 노력하던 시절에 지나가는 말씀으로 해주셨던 이야기다. '하늘 냄새'라, 그게 무엇일까? 당시 완전히 이해가 되지는 않았지만 왠지 용기가 되어 더 열심히 살아갔다. 이제는 그 말의 의미를 알 것 같다. 본인이 맡은 일에 정성과 최선을 다하는 이에게서 느껴지는 에너지를 '하늘 냄새'라고 말씀해주신 것이다.

조금씩 경험을 더 쌓으며 살아가다 보니 정말 '하늘 냄새'가 나는 사람들을 마주하게 된다. 짧은 순간을 만나도, 비대면으로 만남을 가져도 저 사람이 순간에 최선을 다하고 있다는 것이 느껴지면 감동이 밀려온다.

얼마 전 엘리베이터를 타고 있는데 문이 열리더니 한 가녀린 여성이 커다란 철제 손수레에 택배 물건을 가득 싣고 들어왔다. 한눈에 보아도 대학생 느낌의 어린 여성이었다. 순간 모든 사람들의 시선이 그녀에게로 집중되었다. 잠시 후 도착 층에서 씩씩하게 수레를 끌고 내리는 그녀의 뒷모습을 보며 마음속으로 강렬한 응원을 보냈다. 분명 잘될 것이고 무슨 일을 해도 성공할 것이란 마음이 들었다. 짧은 순간이지만 본인이 맡은 역할에 대한 책임감과 성실함이 느껴졌기 때문이다. 마스크 너머로 하늘 내음이 전해졌다.

매러비안 법칙에서는 보이고 들리는 외향적인 요인을 첫인상의 93%라 규정했다. 그러나 하늘 내음이 나는 사람은 그 93%를 넘어서는 끌어당기는 힘이 있다.

나의 말에 힘을 싣고 싶다면 지금 이 순간 내가 임하고 있는 일에 100% 몰입해보자. 사소한 일에도 집중하며 정성을 다할 때, 주위 사람들은 이미 나를 바라보고 있을 것이다. 이러한 상황에서 건네는 한마디는 자체로 영향력이 된다.

'경청(傾聽)'은 상대방의 말에 귀 기울이는 것을 의미합니다. 그런데 그냥 귀를 열고 가만히 듣기만 해서는 진정한 소통으로 나아갈 수 없습니다. 현명한 경청을 위하여 반드시 피해야 할 실수들을 살펴보겠습니다.

❶ 조금 들어주다가 바로 내 이야기로 넘어가는 경우

누구나 내 이야기를 하고 싶어 합니다. 그러나 경청은 내 이야기를 참고, 상대방의 이야기에 온전히 집중하는 것을 의미합니다. 그럼에도 불구하고 상대방의 말을 들으면서 자꾸 내 이야기만 떠올리게 되면, 대화 중 입이 몹시 간지러워집니다.

'아! 나도 저 때 저기 갔었는데. 재미있는 일 나도 생각난다!'

문제는, 상대방이 발언을 하는 중에 이야기를 가로채는 것입니다. 상대방이 한참 이야기를 하고 있는데 내 사례를 툭 내뱉으며 발언권을 가져오거나, 상대방이 이야기를 마치자마자 그에 대한 코멘트 없이 곧바로 내 이야기를 시작해버리면 말한 사람으로서는 굉장히 기분 나쁘고 무례하다고 느낄 수 있습니다.

매력 있고 배려 있는 말하기를 하고 싶다면, 상대방이 말하는 동안은 내 이야기가 떠올라도 참고, 철저히 그를 주인공으로 만들어주는 배려의 자세가 필요합니다. 내 이야기는 상대방의 이야기를 충분히 들어준 뒤에 하여도 늦지 않습니다. '가는 듣기가 좋아야 오는 듣기가 좋다'는 점을 기억해주세요.

❷ 내용과 동떨어진 표정으로 들어주는 경우

상대방이 말을 할 때 고개를 끄덕여주고 "그랬구나. 어. 응. 그래서? 아, 정말?" 하는 공감의 리액션을 해주는 것은 '당신의 이야기를 잘 듣고 있습니다' 하는 표현과도 같습니다. 이렇게 반응만 적절히 하며 들어주어도 말하는 사람은 신이 납니다. 그러나 눈은 다른 곳을 보면서 말로만 대꾸한다거나, 대화 분위기와 전혀 다른 목소리 톤으로 동떨어진 리액션을 하게 되면 진정성이 느껴지지 않을 수 있습니다. 이야기를 건성으로 듣고 있다는 오해를 줄 수도 있지요.

이전에 한 음식점을 간 적이 있었는데, 밝은 미소의 아르바이트생이 일을 하고 있었습니다. 그런데 식사를 모두 마치고 주문서를 보니 실제 먹지 않은 메뉴가 계산되어 있었습니다. 그에게 어떻게 된 일인지 물어보니, 아르바이트생이 주문서를 보며 말했습니다.

"아, 보니깐 정말 잘못 계산된 것 같네요. 죄송해요! 다시 가져다 드리겠습니다."

그런데 계산을 잘못하여 미안하다는 말을 하면서도 표정은 방금 전 그대로 생글생글 웃으며 말을 하니 순간 황당하기까지 하였습니다. 저 친구는 주인의식 없이 AI처럼 일하는구나. 일에 대한 진정성이 있다기보다는 그냥 시키는 일만 하는구나 하는 느낌을 받았습니다.

"와, 나도 모르게 한참을 이야기했네. 들어줘서 정말 고마워."

상대방이 편안하게 말을 하기 위해서는 듣는 동안 눈을 바라보며 온전히 집중해주는 배려가 필요합니다. 그러면 상황에 맞는 표정과 말투 등은 자연스럽게 따라오게 되어 있습니다. 기쁜 이야기를 하고 있는데 멍하니 보고 있다거나 슬픈 소식을 전하는데 갑자기 딴생각이 났다며 픕 하고 웃는 것은 모두 집중하지 않고 다른 생각을 했다는 방증입니다. 경청은 내 앞에 있는 사람에 대한 '존중'을 의미한다는 것을 기억해주세요.

❸ 이야기를 다 듣고 아무런 코멘트가 없는 경우

상대방의 이야기가 끝났습니다. 그런데 들어주는 사람이 그에 대한 아무런 코멘트 없이 바로 본인의 이야기로 넘어갑니다. 앞서 말했던 사람은 어떤 기분이 들까요? 서운하고 내 이야기가 무시되었다는 생각이 들 것입니다.

SNS에서도 피드를 보면 좋아요를 누르고 댓글을 답니다. 당신의 글을 잘 보았다는 의미이지요. 아무리 그 사람의 글을 열심히 보아도 표현을 하지 않으면 상대방은 도무지 알 수가 없습니다. 대화 또한 상대방의 이야기를 들은 뒤에는 반드시 그에 대한 나의 의견이나 소감 등을 짧게라도 전해주는 예의가 필요합니다.

무슨 말을 해야 할지 모르겠다면 상대방의 이야기를 들으면서 궁금했던 점을 질문해보세요. 질문이 있다는 것은 당신의 이야기를 귀 기울여 들었다는 것을 의미하기 때문에 상대방은 추가 질문을 받았다는 것만으로도 기분 좋게 설명을 더해줄 것입니다. 꼭 질문이 아니어도 괜찮습니다. 그저 "그랬겠구나. 정말 좋았겠다. 힘들었겠다. 아이고, 고생했네" 하고 마음만 알아주셔도 충분합니다.

주의해야 할 점은 이야기를 듣고 나서 상대방에게 본인이 생각하는 조언이나 해결책을 말해주는 것입니다. 상대방이 먼저 조언을 구하지 않은 이상 이는 오히려 부담감과 언짢은 마음을 줄 수 있습니다. 그저 듣고 마음을 알아주기만 하여도 소통의 고수가 될 수 있다는 점을 기억해주세요.

2

자존감이 높아야 한다

영업 첫 번째 고객과의 미팅 날이 되었다. 최종 약속 장소로 향하기 전 화장실로 들어가 거울을 바라보았다. 몇 번이고 눈을 보며 주문을 외웠다.

'당당하게. 당당하게. 할 수 있어. 아자 아자!'

똑똑 노크를 하고 들어가자 만나기로 한 분은 화들짝 놀란 표정으로 말했다.

"아니, 아나운서님이 직접 오셨네요? 저는 당연히 영업 담당자가 오는 줄 알고 있었는데요."

자존심으로 똘똘 뭉쳐 있던 나는 다소 과장된 목소리로 답변을 했다.

"아, 네. 이 상품에 대해 제일 잘 알고 있는 사람이 바로, 담당자인 '저'거든요. 그래서 제가 왔습니다. 설명 들어보시고 궁금한 점이 있으시면 뭐든 물어보세요!"

지금 생각해봐도 그분이 나를 무시하거나 잘못된 언행을 한 것은 전혀 아니었다. 그러나 나는 시종일관 오버하며 당당함을 잃지 않기 위해 노력하고 있었다. 특히 상품 소개를 하며 가격이 적혀 있는 마지막 페이지를 펼친 뒤에는 혼자 지레 긴장해서 묻지도 않은 말을 먼저 내뱉기도 했다.

"이건 부가세 포함 가격인데요. 지금 바로 결정하시면 특별히 제가 부가세는 제외해보도록 노력하겠습니다!"

자신감이 없으면 어색하고 과장하게 된다

상품 구매를 '부탁'하러 갔다는 생각은 마음 깊은 곳에서부터 나를 주눅 들게 만들었다. 과장되고 어색한 말투와 태도는, '자신 없음'을 감추기 위해 나온 방어적인 행동이었다.

업무 미팅을 다니던 어느 날, 이전처럼 똑같이 상품 소개를 마치고 나오는데 갑자기 사무실에서 열심히 일하고 있는 팀원들의 모습이 떠올랐다. 고객에게 만족을 드리는 상품을 완벽하게 만들기 위해 야근하고 아침 일찍 나와서 일하는 동료, 후배들이었다.

순간, 나의 생각은 180도 달라졌다.

우리 팀이 이렇게 열심히 만들고 있는 상품은 누군가에게 '부탁'하며 팔아야 하는 것이 아니었다. 우리는 상대방에게 합당한 가격을 받고 서비스를 제공하고 있었다. 따라서 이 상품을 제발 구매해달라고 '요청'하는 마음을 가질 필요가 없었다. 해당 상품을 통해 고객들이 얻는 가치를 계산해보니 도움을 준다는 생각에 뿌듯해졌다. 나는 그저 이 상품이 필요하지만 미처 알지 못하는 사람들을 만나 열심히 '알리기'만 하면 되는 것이었다!

이렇게 내가 판매하는 상품에 대한 자부심이 생기자, 그다음부터는 누구를 만나도 자연스럽게 당당한 자세가 나왔다. 더 이상 '잘 보이려는 마음'을 가질 필요가 없어진 것이다. 상대방의 상황과 필요 여하에 따라 거절은 당연히 할 수 있는 것이며 그만큼 나는 더 많은 사람을 만나며 소개하는 의무를 다하면 되는 것이었다. 필요 이상으로 나를 낮추는 것은 해당 상품을 함께 만들어가는 팀원들과 회사에 대한 예의 또한 아니라는 생각이 들었다.

맞추어주기만 하다 보면 어느새 '척'하는 사람이 된다

이러한 태도는 살아가는 데 있어 '나 자신'을 바라보는 태도도 변화하게 해주었다. 맨 처음 사회 경험을 쌓아가며 자신감이 없을 때는 항상 내가 부족하다는 생각에 거의 100% 상대방의 제안과 요구 사항에 맞추어가며 일을 했다. 가령, 업무 일정을 정할 때도 개인적으로 중요한 일정이 먼저 잡혀 있었더라도 무조건 업무에 나의 인생 스케줄 전부를 맞추었다. 프리랜서로서 일이 끊어지는 것이 두려웠기 때문이다.

덕분에 일은 계속 이어졌다. 어떠한 상황이 주어져도 대부분 맞추어주니 같이 일을 하기에 얼마나 편안한 사람으로 인식되었겠는가. 그러나 점차 나의 몸과 마음은 지쳐갔다. 갈수록 나는 '척'하는 사람이 되어가고 있었다. 하기 싫어도 하고 싶은 '척', 기분이 나빠도 즐거운 '척', 상처받아도 괜찮은 '척', 심지어 기쁠 때도 이 또한 어떠한 피해를 줄까 봐 덤덤한 '척'을 하고 있었다.

그런 나는, 만들어진 사람이었다. 매 순간 최선을 다했지만 진짜 감정을 숨긴 채 단지 잘 보이기 위해 살아가는 삶은 피에로와 같았다. 종일 진을 다 빼며 일한 뒤 집으로 돌아오는 길 두 다리에는 힘이 없었고, 하늘의 별만 바라봐도 눈물이 흐르곤 했다. 화창한 날 벤치에 앉아 촬영 대기를 하고 있으면 삶이 버거워 눈물이 났다. 이렇게 몸과 마음의 에너지를 소진하면서 오래도록 일을 할 수는 없을 것 같았다.

🔘 실력이 늘면서 나를 찾아갔다

그러다 차츰 일을 경험한 '양'이 늘어나면서 자신감이 생기고 그 시간을 충분히 즐기게 되었다. 열심히 일하고 있는 '나' 자신에 대한 자긍심도 생겨났다. 상대방이 나를 고용해준 것도 물론 고맙지만, 나 또한 그에 상응하는 필요를 확실히 채워주고 있다는 확신이 들자, 더 이상 나를 찾아주지 않으면 어쩌나 하는 마음에 연연하지 않게 되었다.

가령 이전에는 일을 마치고 담당자의 칭찬이 없으면 '내가 오늘 혹시 뭐 잘못했나?' 하는 걱정을 했었다. 한 번 더 섭외 연락이 오지 않으면 '역시 나는 부족한 사람이야'하며 자책하기도 했다. 그러나 이제는 그러한 반응에 신경 쓰지 않는다. 이제 나에게 중요한 것은 오늘 '내가' 이 일에 진심으로 후회 없이 임하였는가, 상대방에게 실질적인 도움을 줌으로써 '나 스스로' 만족하였는가에 있기 때문이다. 이러한 생각과 태도의 전환은 결과적으로도 오히려 더욱 인정받는 사람으로 만들어주었다. 나 스스로 만족할 수준이 되면, 상대방에게도 만족스러운 결과로 이어지는 것이다.

💮 솔직한 나의 모습로 살아가는 삶

탄탄한 자존감은, 더불어 나를 '지키는' 삶을 살도록 만들어주었다. 상대방의 말에 무조건 수용하는 것이 아니라 현재 나의 상황을 먼저 살펴보고 내게 무리한 일이라는 판단이 들면 '거절'도 하게 해주었다. 무리한 상황에서는 응하지 않는 것이 나도 지켜주고 궁극적으로 현재 맡은 일들을 더욱 프로페셔널하게 해내는 길이라는 것을 알게 되었기 때문이다. 또한 상대방이 무례하게 다가오는 경우 당당하게 대응하게 되었다. '척'하지 않고 '진짜 나'로서 살아가기 시작한 것이다.

진짜는 소신이 있다. 그 소신이 없으면 '진짜'를 유지할 수 없기 때문이다. 그들은 왜 소신이 있는가? 왜 그렇게 당당한가? 내가 하는 일에 자신이 있으며 이것이 사람들에게 이로움을 줄 것이라는 확신이 있기 때문이다. 이는 결과적으로 더 많은 사람들을 끌어당기는 요인이 된다. 음식점도 소신을 지키는 원조 가게는 멀리서 온 사람들로 북새통을 이룬다.

'척'은 나 자신을 힘들게 할 뿐만 아니라 상대방에게도 어딘지 모르게 거부감을 느끼게 한다. 이러한 가짜 모습은 결코 오래 유지될 수 없을 뿐만 아니라, 객관적인 메타인지 말하기를 어렵게 만든다. '나'를 먼저 사랑하고 내가 소중한 만큼 꾸준하게 실력을 쌓음으로써 맡은 일에 확신을 갖자. 거짓이 아닌 진실한 태도로 임할 때 스스로도 이 일이 더욱 즐거워지고 이는 반드시 성과로도 이어질 것이다.

HOW TO   온실 속의 화초보다 야생화가 좋다

어렸을 때부터 꿈꾸기를 좋아하고 하고 싶은 일이 있으면 반드시 해보는 성격이었습니다. 그러나 딸을 사랑하는 어머니께서는 조금이라도 위험한 도전은 피했으면 하셨습니다. 고등학생 때 유학을 보내달라는 말씀에는 혼자서는 위험하다며 단번에 거절하셨고, 대학생 때 체력테스트까지 하며 받아온 에베레스트산 등정 합격 소식에도 단호하게 반대하셨습니다. 오랜 훈련 없이 가기에는 위험하다고 말입니다.

이러한 자식 사랑은 아나운서가 된 뒤에도 이어지셨습니다. 어머니께서는 제가 방송하는 것을 누구보다 자랑스러워하셨지만 방송인이란 직업이 워낙 시선을 많이 받는 자리이기에 한편으로는 제가 상처받지 않을까 봐 걱정도 많이 하셨습니다. 중소 방송국에 합격했을 때 저를 앉혀두고 이런 말씀을 하셨던 기억이 납니다.

"엄마는 네가 더 이상 도전을 안 해도 좋을 것 같아. 전국적으로 유명한 아나운서가 되는 것도 좋지만 이곳에서도 네가 정말 좋아하는 일을 하면서 칭찬받고 행복하게만 살면 좋잖니."

예기치 못한 질병으로 하루아침에 어머니께서 세상을 떠나시고 저는 온실에서 나와 야생화, 잡초가 된 기분이었습니다. 더 이상 '기분 나쁘고 힘들면 언제든 그만둬! 엄만 네가 제일 소중해' 하고 말해주는 사람이 없으니 이제는 어디에서 무슨 일을 하든 물러설 곳이 없었습니다. 무조건 끝까지 버티는 수밖에 없었습니다. 모든 상황이 배수진이었습니다.

그런데 따스한 비닐하우스에서 나와 추위에 떨며 도전한 그때부터 제 안의 나이테가 늘어나기 시작한 것 같습니다. 온실 속의 화초로 살 때는 툭하면 상처받고 두려워하는 것이 특기였다면, 해풍도 즐겁게 맞는 야생화, 잡초가 되니 어떤 일이 다가와도 자신감 있게 행복하게 일을 할 수 있게 되었습니다.

먼 훗날 참 좋은 곳에서 어머니를 만난다면 이 말씀을 전해드리고 싶습니다.

삶의 자유로움과 벅차오르는 행복이 온실 밖으로 나오니 가득하더라는 것을 말입니다. 그리고 꽉 껴안으며 말씀드리고 싶습니다. 어머니께서는 해풍을 맞으시면서도 자식만큼은 온실 안에서 따뜻하게만 살기를 바라며 사랑해주신 덕분에 그 어떤 상황이 다가와도 씩씩하게 일어나며 저 자신을 지킬 수 있었다고 말입니다.

말보다 실력이 먼저다

"저희에게 오시면 이것도 해드리고 저것도 해드리고 이런 혜택, 저런 혜택 다 드릴게요. 지금 하겠다는 사람이 얼마나 많은데요! 후회 안 하실 거예요."

번드르르한 말로 호소하는 사람들. 그러나 고객이 끊임없이 이어지는 곳은 말이 적다. 오히려 사람들이 너무 많이 오니 소문을 그만 내달라고 부탁하기도 한다.

굳이 안 해도 될 말을 많이 하던 시절이 있었다. 조금이라도 어색해지면 분위기를 띄워보고자 재미있는 이야기를 끄집어내고, 어떻게든 더 잘 보이기 위해 어설픈 농담을 던지기도 했다. 면접의 경우 내 차례가 끝났는데도 굳이 장기 자랑을 하겠다며 시키지도 않은 노래를 부르기도 했다. 모두 현재의 내 실력에 자신이 없고 불안한 마음이 들 때 하던 행동들이다.

이전에 베테랑 아나운서와 함께 같은 무대에서 인터뷰어와 인터뷰이로 만난 적이 있었다. 그분은 등장부터 인상 깊었다. 말투부터 자세까지 고고한 한 마리의 학처럼 느껴졌다. 필요한 말 외에는 하지 않았다. 우아하고 고요했다.

● 말보다 실력으로 보여줘야 한다

넘어지고 깨지는 경험을 통해 실력을 쌓으며 달라진 점이 있다면 점차 나도 불필요한 말을 줄이게 되었다는 것이다. 말로써 나를 증명하는 것은 의미가 없다는 것을 알게 되었다. 그 에너지를 아껴서 일 자체에 집중하다 보니 오히려 함께 일하자는 연락이 더 늘었다.

일로 만난 사이에서 무엇보다 중요한 것은 실력이다. 그 사람과 좋은 인연을 유지하고 싶다면 내게 기대하는 능력을 보여줌으로써 서로 도움을 주는 관계로 이어나가야 한다. 상대방이 친목을 하기 위해 나를 고용한 것은 아니기 때문이다. 그렇게 서로 긍정적인 영향을 주고받다 보면 일로 만난 사이에서 더 끈끈한 친구 사이로 발전하기도 한다.

좋으면, 어떻게든 찾아가게 되어 있다. 음식이 맛있으면 아무리 비좁고 가게 주인이 살갑지 않더라도 기꺼이 산 넘고 물 건너가 한 끼를 먹는다. 솜씨가 좋은 실력자가 있는 곳이라면 작은 시장을 굽이굽이 걸어가 AS를 맡기기도 하고 이 선생님에게 수업을 듣고 싶으면 대기자가 많더라도 몇 달이고 기다린다.

나의 목적을 이루기 위하여 상대방에게 멋진 말을 건네고 친절하게 대하는 것은 물론 중요하다. 그러나 상대방이 궁극적으로 바라는 것은 본인에게 '실질적으로' 도움이 되는 것이다. 가령, 과일에서는 무엇보다 중요한 것이 맛이다. 아무리 화려하게 차려입은 사람이 귤의 당도와 원산지에 대해 조리 있게 설명해주더라도, 아무 말 없이 돗자리에 앉아 판매하는 할머니의 귤이 더 맛있으면 그리로 가서 구입을 하는 것이다.

사회생활에서는 사람을 고용할 때 철저히 내가 지불하는 비용 대비 이익을 고려하여 결정한다. 일로써 오래 이어지는 사이를 보면 겉으로는 인간적인 정으로 유지되는 것처럼 보여도, 들여다보면 서로가 그만큼의 실력을 갖추고 함께 발전하며 긍정적인 영향을 주고받는 경우가 대부분이다.

설사 일을 하다 내가 실력이 부족하여 거절받은 경험이 있다면 상처받을 것이 아니라 객관적으로 나의 부족한 점을 분석하여 채워갈 수 있는 고마운 기회로 여겨야 한다. 어느 누구도 언제나 승리만 하고 언제나 실패만 하는 사람은 없다. 실패는 뒤에 다가올 성공을 숨기기 위한 가면이라고 하지 않는가!

🔘 멋진 말로 기회를 잡더라도 실력이 부족하면 이어질 수 없다

최선을 다한 메타인지 말하기를 통해 상대방의 마음을 사로잡을 수 있다. 그러나 그 만남을 유지하기 위해서는 오래도록 도움을 줄 수 있는 '실력'을 갖추어야 한다. 나의 실력을 알리고 드러내어 줄 홍보 및 스피치 능력은 실력을 쌓은 뒤 갖추어도 늦지 않다. 사실, 어떤 경우 스피치 스킬이 중요하지 않기도 하다. 내가 맡은 일에 대한 실력과 상대방을 배려하는 자세만 갖추어져 있다면 부정확한 발음이나 다소 작은 목소리는 충분히 상쇄될 수 있기 때문이다.

물론, 아무리 뛰어난 실력을 갖춘 사람도 그를 알지 못해 사람들이 찾아오지 못한다면 무용지물이 될 것이다. 이를 위해 진심 어린 말로써 기회를 만들어가는 것은 중요하다. 그러나 실제로 뚜껑을 열어보았을 때 실력이 말솜씨에 준하지 못한다면 오히려 더 큰 실망감을 안겨줄 수 있다.

🔘 실력은 명언이 아닌 행동으로 쌓는 것이다

말콤 글래드웰은 그의 저서 《아웃라이어》에서 미국의 심리학자 앤더스 에릭슨의 논문을 인용하여 '1만 시간의 법칙'을 강조한다. 어떤 분야의 전문가가 되기 위해서는 최소한 1만 시간의 훈련이 필요하다는 것이다. 백지연 전 아나운서는 그의 저서 《크리티컬 매스》에서 물이 끓는 임계점 100도를 향해 99도에서 멈추지 말고 끝까지 인내하며 노력할 것을 강조한다. 그러나 아무리 가슴을 울리는 명언도 눈물, 콧물 흘리며 직접 경험해보지 않으면 그저 멋진 글귀에 머무르고 만다.

쉽게 얻어지는 것을 두고 실력이라고 하지는 않는다. 실력이 쉽게 늘어나는 것이었다면 인고와 노력의 중요성을 강조한 수많은 예술 작품과 책, 강연, 교육 프로그램의 절반 이상은 사라졌을 것이다. 나와의 싸움이라든지 자기 관리라는 말도 애초에 없었을지도 모른다.

실력이 뛰어나면 말을 유창하게 하지 않더라도 사람들이 그의 이야기에 집중한다. 안 들리면 가까이 가서라도 귀 기울여 듣는다. 그러나 실력이 뒷받침되지 않으면 아무리 말을 청산유수처럼 잘하더라도 일단 시선을 끌기에 어렵다.

나의 이야기에 사람들이 초롱초롱한 눈으로 집중하며 *끄덕끄덕* 공감해주었으면 좋겠는가! 늘 깨어 있고 감동이 있는 메타인지 대화를 나누고 싶은가! 우선 내 말에 힘을 싣자. 인고의 과정을 통해 실력을 갖추면 당신의 스피치는 자체로 답이 된다.

HOW TO 발표 전 대본을 꼼꼼하게 살펴봐야 하는 이유

발표는 주어진 대본을 낭독하는 자리가 아닙니다. 대본을 분명히 숙지하고 내 것으로 만든 뒤 이를 토대로 설명하고 이야기하는 자리입니다. 따라서 발표자는 무대에서 내가 한 말에 대한 책임을 져야 합니다. 대본을 다른 사람이 써주었더라도 이를 소화하여 청중에게 말하는 사람은 바로 '나'이기 때문입니다.

집중하여 듣고 있는데 발표자가 계속 잘못된 정보를 전달한다면 어떨까요? 이곳은 제주인데 자꾸 충청도라고 말한다거나 A회사에 와서 자꾸 B회사로 이름을 잘못 말한다면 말입니다. 아마도 다른

이야기를 할 때조차 '저 사람 지금 제대로 말하고 있는 것 맞아?' 하는 생각이 들 것입니다.

이때 만약 대본에 잘못된 정보가 적혀 있던 것이라면 어떻게 해야 할까요?

"있잖아요, 여러분. 저한테 너무 뭐라고 하지 마세요. 이게 제 실수가 아니라고요. 직원이 적어준 대본에 이렇게 써 있던 거예요. 보세요!"

책임을 다른 사람에게 넘기며 해명하시겠습니까? 이는 곧 발표자가 "나는 대본을 그냥 읽는 사람이에요"라고 말하는 것과 같습니다.

내가 한 말에 대한 책임은 스스로 져야 합니다

말을 잘하기 위해서는 일단, 내가 입 밖으로 내뱉은 말에 대하여 책임을 지는 자세가 필요합니다. 그래야 사소한 말 한마디에도 신중해집니다.

방송을 하다 보면 의외로 오타 있는 대본이 많습니다. 사람이 작성하는 것이기 때문입니다. 만약 여러분이 뉴스 속보를 전달하는데 프롬프터에 '우키라이라와 러수아'라는 글씨가 떴다고 해보겠습니다. 이를 글자 그대로 "우.키.라.이.라.와 러.수.아"라고 읽는다면, 시청자는 누구를 탓할까요? 당연히 기사를 작성한 기자가 아닌, 말을 전달한 아나운서에게 잘못이 있다고 생각할 것입니다. 설령 대본에 잘못 적혀 있더라도 "우크라이나와 러시아"라고 말을 해야 하는 것은 상식적인 일이기 때문입니다. 이는 쉬운 단어를 예로든 것입니다만 그 외에도 대본을 전달할 때 말하는 이가 책임감을 갖고 꼼꼼하게 사실관계를 살펴야 하는 이유가 여기에 있습니다.

고수는 왜 말이 적고 하수는 말이 많을까요? 무림 고수는 일상에서 쉽게 무술을 보여주지 않습니다. 정말 필요한 순간에 제대로 한 번 보여주지요. 말 또한 마찬가지입니다. 고수가 될수록 말이 줄어드는 이유는 정말 필요할 때 내가 확실히 알고 있는 말만 하기 때문입니다.

일단 대본 내용의 '사실관계'부터 체크해보세요

회사에서 발표할 자료를 전달받으면 일단 '내용'부터 살펴보기 바랍니다. 사실관계에 있어 잘못된 점은 없는지, 고객사 이름 중 잘못 표기된 것은 없는지 스스로 확인해야 합니다. 회사를 대표하여 메시지를 전달하는 '책임' 있는 자리에 선 것이기 때문입니다. 내빈 소개 시 회사 이름을 잘못 말했을 때 대본을 누가 썼느냐고 말하는 사람은 없습니다. 사실관계를 제대로 확인하지 않은 발표자를 바라봅니다.

카리스마는 철저한 준비를 바탕으로 내가 한 말에 '확신'을 가질 때 자연스럽게 뿜어져 나옵니다. 스스로 자기가 한 말에 믿음과 책임감이 없으면 본인도 몰입하기 힘들뿐더러 청중을 끌어당기기도 어렵습니다. 철저한 준비를 통해 내용과 하나가 되어 내가 하는 말에 '힘'을 실어보시기 바랍니다.

4

실력보다 진심이 먼저다

살다 보면 상대방의 진심이 오래도록 가슴에 남을 때가 있다. 이때의 감동은 시간이 흘러도 변치 않으며 이때 사람들은 단골이 되고 팬이 된다.

◖◗ 화가 할아버지의 그림

프랑스 몽마르트 언덕에서 자화상을 그린 적이 있었다. 마음에 드는 화가를 찾기 위해 몇 바퀴를 돌았다. 캐리커처, 수채화, 데생 등 각양각색의 그림을 그리는 다양한 화가들이 있었다. 어느 분에게 그릴까 고민하던 중 한 할아버지를 발견했다. 커다랗고 튼튼해 보이는 이젤 사이에서 작은 간이 의자에 앉아 조그마한 파스텔로 그림을 그리는 분이었다. 색감이 마음에 들어 그 앞에 서서 순서를 기다렸다. 드디어 내 차례가 되고 나는 학생이니 조금 깎아달라고 부탁을 했다. 할아버지는 본인의 나이가 80세인데 깎느냐며 농담을 하신 뒤 저쪽 의자에 앉으라고 하였다.

처음 보는 이의 눈을 응시하려니 쑥스러웠다. 몇 번을 피하다가 본인의 눈을 계속 바라봐야 한다는 화가 할아버지의 진지한 제스처에 용기 내어 시선을 마주했다. 그런데 어느 순간 눈시울이 붉어지기 시작했다. 떨리는 손으로 이젤을 잡고 정성스럽게 그림을 그리는 모습에서 진심이 느껴졌기 때문이다. 그 옆의 캐리커처 화가 아저씨는 금세 그려내고 벌써 다음 고객을 맞이하였는데, 내 앞의 할아버지는 너무도 오랫동안 최선을 다해 그림을 그리고 계셨다. 한참 후 예쁜 그림을 선물 받았고 10년이 넘게 흐른 지금까지도 나는 그날 화가 할아버지의 작은 이젤과 낡은 피자헛 모자를 잊지 못하고 있다. 그분에게 그림은 진심이었다.

🔘 학교 앞 구둣방 아저씨

대학생 때 자주 가던 구둣방 아저씨도 선명히 떠오른다. 롱부츠를 신고 급히 방문했던 날. 나는 아저씨에게 구두 굽과 염색 칠 가격을 여쭈어보고는 무작정 깎아달라고 했다. 그러자 아저씨는 지금도 낮은 가격인데 또 빼줘야겠냐며 농담처럼 한마디하시고는 적은 금액으로 받아주셨다. 그때 나는 새침하게 앉아서 아저씨가 염색 칠하는 모습을 물끄러미 바라보고 있었다. 시간이 흐르면서는 얼굴이 붉어지고 말았다. 아저씨가 맨손으로 너무도 열심히 구두 칠을 해주셨기 때문이다. 그냥 굽 갈고 색칠만 대충 해주셔도 되는데, 오랜 시간 동안 정성을 다하는 아저씨의 태도를 보면서 깎아달라고 말씀드린 걸 후회했다. 지금이었으면 너스레를 떨며 천 원, 이천 원이라도 더 드렸을 텐데 당시 용기가 없던 나는, 20대 때 구두 수선만큼은 그분에게 찾아가는 것으로 감사한 마음을 전했다. 아직도 나는 그분만큼 정성스럽게 구두 칠을 해주시는 분을 본 적이 없다.

🔵 실력은 '진심'과 함께할 때 더욱 빛난다

실력이란 무엇일까? 맡은 일을 잘 해내는 능력을 말한다. 그런데 사실, 실력 있는 사람은 많다. 음악 오디션 프로그램만 보아도 우리나라에 노래 잘하는 실력자가 넘쳐난다. 하나같이 목소리도 좋고 기교도 뛰어나다. 매력 있고 끼도 넘친다! 그러나 그 많은 사람 중에서도 단번에 시선을 사로잡고 마음을 울리는 참가자들이 있다. 탄탄한 실력과 더불어 '진심'을 전하는 사람이다.

피아노 콩쿠르 영상을 보아도 분명 피아노 기교는 화려한데 이상하게 감동이 느껴지지 않는 경우가 있다. '와! 정말 잘한다!' 하고 마는 것이다. 반면 시작하는 순간부터 눈시울이 붉어지고 마음을 일렁이게 하는 참가자가 있다. 그의 연주에서 피아노 건반과 연주하는 곡과 관중을 향한 '진심'이 느껴지는 경우다. 해당 연주자의 국제적인 콩쿠르 수상 소식을 들을 때마다 '진심은 나만 느끼는 것이 아니구나. 사람들에게도 온전히 전해지는구나' 하는 것을 느낀다.

🔵 내 앞에 단 한 사람이 있더라도 변함없는 진정성

진심이란 내 앞에 한 사람이 있든 오천만이 있든 같은 모습을 보여주는 진정성이다. 이 일에서만큼은 누구에게 잘 보이거나 단순히 이익을 얻기 위해 하는 것이 아니라, 나를 믿어주는 단 한 사람에게 감동을 주기 위해 최선을 다하는 자세를 말한다. 내가 임하는 일이 크든 작든 긍지를 갖고 정성을 다하는 태도다.

유튜브에서 JTBC 〈싱어게인〉의 우승자 이승윤 씨의 무명 시절 영상을 보고 깜짝 놀란 적이 있다. 오래전 영상이었는데도 JTBC의 커다란 무대에서 보여주었던 모습과 오래전 작은 자리에서 임하는 노래와 관객을 대하는 태도가 똑같았기 때문이다. 이를 통해 '이 사람은 정말 노래를 사랑하는구나! 작은 무대, 단 한 명의 관객 앞에서도 같은 마음가짐으로 임하는구나' 하는 진정성을 느꼈다.

우리나라의 유능한 프로그램 진행자도 참 많다. 말 잘하는 사람이 어디 한둘인가! 그중에서도 유재석 씨가 롱런하는 이유는 실력을 넘어선 진솔한 태도 덕분일 것이다. 힘들었던 무명 시절을 오랜 시간 버티고 다가오는 기회 하나하나 정성과 최선을 다하는 그의 모습은, 보는 이들에게 희망이 되고 프로그램의 품격 또한 높여준다.

🔵 나의 이익에 따라 달라지는 태도는 진심이 아니다

반대로 살면서 진정성이 느껴지지 않는 상황을 마주할 때도 있다. 이전에 구매한 옷을 취소하러 매장에 찾아간 적이 있었다. 워낙 직원이 옷을 구매하는 과정에서 친절하게 대해주었기에 편안하게 들어갔다. 그런데 환불하고 싶다는 말을 하자마자 이전까지 상냥했던 직원은 전혀 다른 사람이 되어 있었다. 쌀쌀맞은 말투로 응대하며 취소 처리를 위해 카드를 가져가는데 순간적으로 종이에 손이 베인 듯한 느낌마저 들었다. 불편한 마음에 얼른 그 자리에서 나오고 싶었다.

집에 오면서 안타까운 마음이 들었다. 이번에는 환불을 하지만 미안하고 고마운 마음에 다음 번에 꼭 한 번은 가서 구매하려고 생각하고 있었기 때문이다. 그러나 180도 달라진 태도로 그러한 마음은 사라져버렸다.

물론, 누구든 언제나 사람들에게 친절할 수만은 없다. 그러나 적어도 나의 이익과 상황에 따라 태도가 돌변해서는 안 될 것이다. 아무리 실력이 있고 호감이 느껴지는 사람일지라도, 본인에게 이익이 되는 사람과 그렇지 않은 사람을 대하는 태도가 달라진다면 멀리하고 싶어진다.

⬤ 진심에는 일관성이 있다

진심을 다해 일하는 사람들을 만나면, 이 사람은 굳이 이 일이 아니라 다른 어떤 일을 했어도 성공했겠다는 생각이 든다. 실제로 한 분야에서 정성을 다해 높은 성과를 보여주는 사람은 추후 다른 새로운 일을 맡아도 대부분 잘해낸다. 일의 능력과 사람의 마음을 이끄는 요인은 실력도 중요하지만 그전에 그 일을 대하는 태도와 진정성에 달려 있기 때문이다.

아주 작은 행동만 보아도 그 사람이 일을 잘하는지, 믿을 수 있는 사람인지 알 수 있다고 한다. 왜 그럴까? 진심은 일관성을 갖기 때문이다.

누군가에게 보여주기 위해서가 아니라 내가 임하는 일 자체에 집중하며 진심을 다해보자. 상대방의 마음을 울리는 메타인지 말하기는 자연스럽게 따라올 것이다.

HOW TO 진심을 소홀히 대하지 말아주세요

얼마 전, 집안의 쓰레기통을 뒤지며 아이의 그림 조각을 꺼낸 적이 있습니다. 유치원에서 그려온 바다 그림을 아이가 가위로 여러 조각 잘라놓았는데, 오리기 놀이를 다 했구나 생각하고 제가 한데 모아 버린 것이 원인이었습니다.

"엄마, 내 그림 어디 있어?"

"그림? 그거 다 가지고 논 것 아니었어? 엄마가 버렸는데?"

순간, 아이의 눈시울이 붉어지더니 눈물이 뚝뚝 떨어지기 시작했습니다. 알고 보니 아이는 바닷속 고래, 상어, 물고기 등을 오려내어 바다에서 헤엄을 치게 했던 것이었습니다.

처음에는 금방 나아지겠지 하고 위로해주다가 한참을 구슬프게 우는 아이를 보며 허겁지겁 쓰레기 봉지에 손을 넣어 조각들을 꺼내었습니다. 그러나 이미 훼손된 뒤였습니다. 그 모습을 보자 아이는 더욱 서럽게 울기 시작했습니다. 그날 아이에게 얼마나 미안했는지 모릅니다. 이제 저는 아이의 물건을 버리기 전에 꼭 한 번은

물어봅니다. 아무것도 아니라고 여긴 것들이 아이에게는 '진심'일
수 있으니까요.

　살아가면서 또 누군가의 마음에 상처를 준 적은 없는지 돌아봅
니다. 없다고는 말을 못하겠습니다. 제가 인지하지 못한 사이에 어
떤 수많은 실수를 해왔는지 모르니까요. 메타인지 말하기를 간절
히 하고 싶은 이유가 있습니다. 매 순간 정신을 차리고 나와 당신,
상황을 정확히 바라보지 않으면 나도 모르는 새 또 이렇게 실수하
지 않을까 우려되기 때문입니다.

　아무것도 아닌 것처럼 보이는 일에도 '진심'이 함께할 수 있음을,
함부로 무언가를 판단하고 결정하는 것은 언제나 조심해야 한다는
것을 아이를 키우며 배워갑니다.

5

수려한 말하기보다 중요한 것

말을 잘한다는 것은 상대방의 가슴속에 오래도록 남을 한마디를 건넨다는 것을 의미하기도 한다. 아무리 번쩍번쩍 빛나는 말일지라도 그것이 듣는 이에게 와닿지 않는다면 '잘'했다고 보기는 어렵기 때문이다.

당신의 가슴속에 오래도록 자리하고 있는 한마디는 무엇인가?

떠올리기만 해도 가슴이 따뜻해지고 힘이 나는 말이 있는가?

예상컨대 아마 그런 말이 있다면 결코 어렵고 복잡한 말은 아닐 것이다. 마음을 울리는 담백한 말일 것이다.

　나에게도 힘을 주는 한마디가 있다. 엄마의 "고스톱 치자!"와 아빠의 "밥은 먹었니?"다. 살다가 힘겨울 때 이 말만 떠올리면 깊은 곳에서부터 힘이 솟아난다.

　"고스톱 치자!"는 외국어고등학교 시험에서 떨어진 뒤 나를 살려주었던 엄마의 말이다. 깊은 좌절감에 며칠째 방에서 축 처져 있던 내게 엄마가 말했다.

　"윤지야! 이런 건 인생에서 아무것도 아니야. 공부하지 말고 엄마랑 고스톱 치자!"

　놀라서 안방으로 가보니 엄마는 당시 인기였던 인터넷 고스톱 게임 창을 띄어놓고 계셨다. 그동안 게임을 한 번도 안 해보았던 나는 수업 땡땡이를 하는 기분으로 엄마의 성화에 고스톱도 치고 테트리스도 해보았다. 그러나 오래할 수는 없었다. 나를 위로하는 엄마의 진심이 느껴져 눈물이 났기 때문이다. 결국, 참 재미있다고 말씀드린 뒤 방으로 들어가 펑펑 울었던 기억이 난다.

　"고스톱 치자!"는 엄마의 말은 귓바퀴를 통해 "사랑한다. 힘내거라"라는 말로 치환되어 들려왔다. 누구보다 속상하실 텐데 내색하지 않고 있는 그대로의 나를 응원해주시는 마음이 전해져 다시금 마음을 굳게 먹고 공부를 시작할 수 있었다.

　나와 많은 대화를 나누셨던 엄마와 달리 아빠는 말씀이 많지 않으신 편이다. 무뚝뚝한 큰딸과의 대화는 대부분 "밥"에 대한 안부의 향연이다. "밥은 먹었니?", "밥 먹었고?", "밥은?" 시작은 언제나 "밥"

이다. 식사 여부를 확인한 뒤 아직 밥을 먹기 전이라면 "맛있게 먹어라", 먹었으면 "푹 쉬어라" 말씀하신다. 이 패턴을 크게 벗어나는 법이 없다.

하지만 지방 근무를 할 때도, 결혼하고 아이 밥을 먹이며 통화를 할 때도 '밥을 먹었는지'를 궁금해하시는 아버지의 안부 전화는 늘 마음을 일렁이게 한다. 밥 먹었느냐는 아버지의 한결같은 안부 인사는 "사랑한다"는 말로 변환되어 들려온다. 전화를 끊고 나면 뭉클하고 가슴 깊은 곳에서부터 열심히 살아갈 힘이 생겨난다.

고스톱 치자는 말과 밥 먹었냐는 말 그 자체는 멋지지도 수려하지도 않다. 그러나 '사랑한다'는 마음을 그 상황 속에서 이보다 잘 표현할 수 있는 말도 없을 것이다. 상대방을 진심으로 위하면, 그 어떤 투박한 말도 힘과 용기가 된다. 꼭 멋진 말을 하지 않아도 되는 것이다.

● 경쟁 피티 우승의 비결

대학생 시절과 프리랜서 아나운서로 활동을 할 때 경쟁 피티에 출전하여 우승을 한 적이 있다. 그때마다 주위에는 언제나 화려하고 멋진 팀들이 있었다. 그에 비하면 우리 팀의 자료는 단순하고 소박하게 느껴지기까지 했다. 그러나 심사위원들은 우리의 발표에 손을 들어주었다. 비결은 무엇이었을까?

프레젠테이션을 할 때 '진정성'에 주안점으로 둔 덕분이라고 생각한다. 프로페셔널한 자세나 발음, 표정 등도 중요하지만 경쟁 피티는 궁극적으로 심사위원의 '마음'을 움직여야 우승할 수 있기 때문이다. 모두의 자료가 뛰어나다면 그 안에서 감동을 줄 수 있어야 사람들의 기억에 남는다. 따라서 프리젠테이션 마지막에는 반드시 제안한 이 프로그램이 세상과 나눌 수 있는 선한 의도를 강조하였다.

심사위원들은 평가자이기 이전에 해당 프로그램을 기획한 사람들이다. 아무리 이윤을 추구하는 기업에 소속되어 있을지라도 누구도 본인들의 활동이 단순히 이익만을 쫓고 멋지게만 보이기를 원하지는 않는다. 기왕이면 사회에 긍정적인 영향력을 주고자 정성을 다해 기획하며 사람들이 이를 알아주기를 바란다. 이러한 심사위원의 진심을 헤아렸고, 프레젠테이션을 하는 내내 최대한 나를 드러내지 않고 내용에만 집중하며 담백하게 진행하였다.

🔘 발표자가 빛나려는 자리에는 감동이 없다

경쟁 피티라고 해서 진행자의 화려한 외모나 웅장한 발성, 한 치 흐트러짐 없는 발음이 중요한 것은 아니다. 기본적인 자세는 당연히 갖추고 있어야 하지만 심사위원의 마음을 움직이는 결정적인 요소는 그 안의 내용에 있기 때문이다. 자신 있는 눈빛과 담백한 언행, 당당한 태도는 철저한 준비를 통해 자연히 따라오는 것이다. 발표를 할 때 본질이 되는 것을 잊고 발음 연습이나 의상, 외모에만 신경 쓰다 보면 시간과 돈만 쓰고 정작 중요한 목표 달성은 놓칠 수 있다.

당시 경쟁팀들의 발표도 볼 수도 있었는데, 현란한 프레젠테이션 자료부터 광고를 방불케 하는 영상을 제작한 팀도 있었다. 발표자들도 대단했다. 한눈에 시선을 끌도록 뮤지컬을 보여준 사람도 있었으며, 어떤 이는 당돌한 모습으로 우스꽝스럽게 주최 측을 비판하기도 했다. 생각지도 못한 유머러스한 전개에 관중들이 환호성을 지르며 박장대소했다. 그러나 심사위원 중 웃고 있는 사람은 단 한 명도 없었다. 본인의 회사를 장난스럽게 말하는 발표자에게 높은 점수를 주기는 힘들었을 것이다.

사랑이나 진정성과는 관련이 없어 보이는 상업적인 경쟁 프레젠테이션일지라도 사람의 마음을 움직이기 위해 말을 한다는 근본적인 목적은 같다. 심사위원들은 후원금을 지원해주는 자신의 회사를 사랑해주기를 원한다. 기획한 프로그램의 취지를 잘 알고 정성스럽게 집행해줄 사람들을 찾고 있다. 무생물의 프로젝트도, 거대한 건물 덩어리로 보이는 회사도 속성은 사람과 같다는 것을 잊지 말자.

◑ 말 이면의 '진의'가 중요하다

우리는 어떤 말에 감동을 받을까? 어떤 말을 듣고 살아갈 힘을 낼까?

겉으로 보기 좋고 수려할지라도 상대방을 위하는 마음이 없으면 감동이 느껴지지 않는다.

"다 널 위해서 하는 말이다", "내가 너를 얼마나 생각하는지 아느냐" 하며 이런저런 이야기를 건네는 사람들. 그런데 듣는 내내 마음이 불편하고 기분이 안 좋다. 화가 치밀어 오르기도 한다. 반면에 표현이 다소 투박하고 겉으로는 딱딱해 보여도 툭툭 건네는 한마디에 힘이 나고 고마운 사람이 있다.

사람의 마음을 움직이는 것은 들려오는 말 이면의 '진심 어린 마음'에 있기 때문이다. 성경에는 이스라엘 왕 솔로몬의 지혜로운 재판 일화가 나온다. 왕 앞에 다가온 두 여인은 한 명의 갓난아기를 두고 서로 자신의 아기라고 주장한다. 이에 솔로몬은 아기를 반으로 잘라 두 사람에게 나누어주라고 명령한다. 그러자 한 여인이 서둘러 외친다. "안 됩니다! 제가 잘못했습니다. 저 사람이 바로 아이의 엄마입니다!" 그러자 솔로몬은 내 아기가 아니라고 외친 여성을 엄마로 인정해준다. 들려오는 말 이면의 자식을 사랑하는 진짜 마음을 보고 판결을 내린 것이다.

보이는 말(wording)은 진짜의 일부일 뿐이다.
진정한 말은 그 사람의 마음(mind)에 있다.

보이는 말보다 그 속의 '진의'가 중요한 이유는 아무리 상대방을 속이려 해도 품고 있는 '마음'은 드러나기 때문이다. 당장은 숨길 수 있을지 몰라도 언젠가는 반드시 들통나게 되어 있다. 거짓을 말하다 보면 어느 순간 말의 앞뒤가 맞지 않거나 평소와 미세하게 다른 목소리, 눈빛, 대화 패턴 등을 은연중에 드러내게 된다.

● 거짓말을 하더라도 마음까지 숨길 수는 없다

말은 투명하다. 거짓말 탐지기가 왜 나왔겠는가? 아무리 능숙하게 거짓을 말하려 해도 완벽하게 속일 수는 없기 때문이다. 그 속의 의도(purpose)는 드러나게 되어 있다.

아무리 좋은 말로 고객을 설득하더라도 내가 판매하는 상품에 대한 스스로의 확신이 없다면 상대방의 마음을 움직이기 어렵다. 말하는 사람이 은연중에 진짜가 아니라고 하는데 고객이 어찌 믿고 살 수 있겠는가? 아무리 면접자가 말을 수려하게 하더라도 스스로에 대한 믿음이 부족하고 해당 회사에 대해 나쁜 감정을 가지고 있다면 면접관은 은연중에 그것을 느끼게 된다. 사랑하지 않는 사람에게 아무리 감미로운 말을 하고 선물을 사주어도 서로 불꽃이 튈 수는 없다. 진심 없이 대하고 있는데 어찌 심장이 뛰겠는가. 경험과 능력을 쌓아 인생 내공이 깊은 사람들은 이런 진의를 한눈에 알아본다. 따라서 아무리 완벽한 메타인지 말하기를 펼칠지라도, 말하는 의도가 불순하거나 유익하지 않으면 진정한 메타인지 대화로 발전하기 어렵다.

정말 말을 잘하고 싶고 진정으로 소통하는 메타인지 대화를 나누고 싶다면, 먼저 내가 오늘 만나는 이에게 어떤 사람이 되고 싶은지, 이 자리에서 어떤 점을 기여하고 싶은지, 오늘 만남을 통해 어떤 도움을 주고자 하는지 먼저 살펴보고 그 시간에 임해보자. 커다란 무대에서 넘어지고, 마이크가 꺼지고, 말을 더듬고, 발표 중 바지가 찢어져도 그런 것은 하나도 중요하지 않다. 면접에서 최종 합격하는 사람은 진심을 안고 임한 사람이다. 영업왕 중에 고객을 대충 대하는 사람은 한 명도 없다. 진심으로 상대방을 위하는 마음을 갖고 대화에 임한다면, 그 어떤 말을 해도 감동으로 다가갈 것이다.

HOW TO 내가 하는 말과 나의 마음이 일치해야 합니다

분명히 칭찬을 들었는데 기분이 안 좋아집니다. 상대방은 분명 잘 지낸다고 하는데 마음이 아프고 걱정이 됩니다. 왜 그러는 걸까요?

들려오는 '소리'가 말의 전부는 아니기 때문입니다. 말은 겉으로 보이는 워딩(wording)과 그 안의 마음(mind), 심리(feeling), 의도 (purpose) 등이 모두 합쳐져 이루어져 있습니다. 따라서 말에 담긴 화자의 진짜 속마음은 그의 말투나 목소리 톤, 표정 등을 통하여 어떻게든 상대방에게 전달됩니다. 메타인지 말하기는 이 모든 것을 아우르며 대화해나가는 것을 목표로 합니다.

같지만 다른 말

"잘한다!!" VS "자~알 한다~~"

겉으로는 둘 다 칭찬의 말이지만, 말하는 의도에 따라 격려의 말이 되기도, 비꼬는 말이 되기도 합니다.

"은메달을 땄습니다!!" VS "은메달을… 땄습니다…"

보기에는 같은 문장이지만 은메달을 따서 '기쁜' 심정일 때와, 금메달을 놓쳐 '아쉬운' 마음일 때의 말하기 톤과 빠르기, 표정 등은 달라집니다.

말의 진정성이 중요한 이유

말을 잘한다는 것은 한마디를 하더라도 사람의 마음을 움직일 수

있다는 것을 의미합니다. 이러한 말에는 '신뢰감'이 느껴지며 '진정성'이 담겨 있습니다. 따라서 말을 잘하는 사람이 되기 위해서는 '진심으로 우러나오는 말만 하는 습관'이 필요합니다.

드러나는 말로는 축하한다고 하면서 마음속으로는 질투하고 미워하고 있다면 이는 상대방에게 은연중에 전달됩니다. 듣는 사람도 상대방의 목소리 톤, 표정, 어투 등을 통해 진심을 느낄 수 있기 때문입니다.

지금 당장 축하하는 마음이 들지 않는다면 차라리 말을 하지 않는 편이 낫습니다. 마음에도 없는 말을 하는 것보다는 차분히 기다렸다가 진심으로 축하하는 마음이 들 때 표현하는 것이 상대방에게도 좋기 때문입니다. 진실함은 궁극적으로 나의 말에도 힘을 실어줍니다.

대사에 진심인 성우

대한민국 대표 성우들을 출연자로 모시고 북콘서트를 진행한 적이 있습니다. 그중 한 성우께서 진심을 다해 더빙을 했던 경험을 들려주셨습니다. 외화 여주인공 역을 맡으셨을 때인데요. 당시 만삭의 임신부이셨다고 합니다. 크게 불러온 배를 안고 찾아간 녹음실. 그날의 장면은 주인공이 불길에 휩싸여 살려달라고 외치는 대사였습니다. 큐사인이 떨어지고 성우께서는 혼신의 힘을 다해 대사를 전하셨다고 해요. 그런데 녹음을 하는 내내 배 속의 아기가 위급하다는 듯이 쉬지 않고 그녀의 배를 뻥뻥 차더라는 것입니다. 아직 태어나지도 않은 아기가 위급함을 실제로 여길 정도라니, 그녀가 얼마나 진심을 다해 더빙을 했는지 느껴지시지요? 다행히 대사는 금방 끝이 났고 며칠 뒤 아기는 무탈히 건강하게 태어났다고 합니다. 대사를 실제 상황처럼 연기하는 그녀의 모습에서 프로페셔널함을 느꼈습니다.

감동을 주는 말하기

청중은 어떤 연사의 발표에 감동을 느낄까요? 발표자가 진솔하게 이야기하고 있다는 것이 느껴질 때입니다. CBS의 〈세상을 바꾸는 시간, 15분(세바시)〉 영상 중 조회수 상위를 기록한 대표 영상들을 보면 하나같이 감동이 밀려오고 저도 모르는 새 눈물이 납니다. 강연자의 진정성이 가슴에 와닿기 때문입니다. 발표자가 하는 '말'과 그 사람의 '진심'이 일치하는 순간 연사의 발음이나 자세, 옷차림 등은 눈에 들어오지 않습니다. 내용에만 푹 빠져듭니다.

이따금 내가 하는 말을 스스로 바라보면서 입으로 내뱉은 워딩과 실제 마음이 일치하는지 살펴봅니다. 호감을 주기 위해 마음에 없는 말을 생각해가며 대화를 이어가는 것보다는 차라리 어색하더라도 침묵을 지키는 편이 낫기 때문입니다. 내가 하는 말과 진심이 일치할 때 그 말은 감동이 되고, 진짜 이야기를 시작하는 그 순간부터 말하는 사람은 메타인지 대화를 이끄는 '카리스마'가 생겨납니다.

6장

진짜 나답게 말하게 하는
메타인지 말하기

1

이미지 만들기는
거짓말하기가 아니다

포털사이트 뉴스 연예란을 보면서 깜짝 놀랄 때가 있다. 이미지가 반듯한 연예인이 안 좋은 사건에 연루되었거나 실생활에서 도덕성 논란이 일 때다. 그동안 생각해왔던 이미지와 전혀 다른 모습에 실망감이 느껴지곤 한다.

한두 번의 만남으로 상대방의 전부를 알 수는 없다. 십 년을 알던 사람도 어느 날 갑자기 생각지도 못한 언행을 보여주지 않는가. 따라서 우리는 상대방이 보여주는 말과 행동, 태도 등을 통하여 그 사람을 판단할 수밖에 없다. 즉, 보여지고 느껴지는 이미지를 통해 이 사람이 믿을 만한 사람인지, 함께 가도 될 만한 사람인지를 결정하며 관계를 맺어간다.

사람들과 우호적으로 잘 지내기 위해서는 당연히 좋은 이미지를 보여주도록 노력해야 한다. 특히 단 한 번의 만남으로 나를 선택하도록 호소해야 하는 자리에서는 더욱 최선의 모습을 보여주기 위해 애써야 할 것이다. 그러나 이때 전제 조건이 필요하다. 거짓된 이미지와 감당 못 할 이미지는 만들지 말아야 한다.

● 거짓된 이미지와 감당 못 할 이미지는 만들지 말자

거짓은 드러나게 되어 있다. 끝없는 진위 논란은 결국 진실의 편을 들어준다. 요즘 세상은 특히 증거가 되어줄 자료가 충분하여 오류를 잡아내기도 쉽다. 거짓이 계속되면 내가 하는 말 안에서도 앞뒤가 맞지 않고, 무엇보다 양심의 가책으로 스스로 괴로움에 빠지게 된다.

뜨거운 인기를 끌던 한 인플루언서는 명품을 당당히 소개했으나 가품임이 알려져 한순간에 활동을 멈추기도 했다. 본인이 암 환자라고 말했다가 거짓임이 드러나 후원받은 금액을 도로 갚고 있는 연예인도 있다. 집안의 형편이 어렵다는 이야기로 대중의 동정심을 얻었는데 알고 보니 고가의 차를 타고 다니는 사진이 퍼져 배신감을 얻은 사례도 있다. 이 방송에서는 냉면을 안 좋아 한다고 했다가 다른 방송에서는 냉면을 맛깔나게 먹는 장면으로 혼란을 준 경우도 있었다.

이러한 거짓을 통해 궁극적으로 잃게 되는 것은 '신뢰감'이다. 양치기 소년이 되어 사람들은 더 이상 그 사람의 말을 잘 믿지 않게 된다.

이미지가 멋져 보이도록 거짓말을 하는 이유는 무엇일까? 누군가에게 '잘 보이기' 위해서다. 그러나 절대로 거짓된 이미지는 솔직한 모습을 넘어설 수 없다. 어느 누가 거짓된 돈으로 사온 고가의 선물을 좋아하겠는가! 종이쪽지에 담긴 진심 어린 편지가 상대방의 마음을 더욱 움직일 수 있다.

있는 그대로의 솔직한 모습은 지금 당장은 나를 덜 빛나게 할지도 모른다. 그러나 진심을 다해 꾸준히 노력하며 실력을 쌓아가다 보면 반드시 나의 가치는 빛나게 되어 있다. 당장에 조금 더 있어 보이기 위해 무리해서 지나치게 고가의 비용을 들인다든지 거짓말을 하는 것은 궁극적으로 이미지를 더욱 나쁘게 만드는 길이다.

두 번째로, 감당 못 할 이미지를 만드는 것 또한 지양해야 한다. 나는 원래 50 정도의 사람인데 상대방에게 잘 보이기 위해 100의 모습만 보여주려고 한다면, 서서히 지쳐갈 수밖에 없다. 상대방은 100을 보여달라고 한 적이 없는데 애써서 50을 더 보여주기 위해 노력하다가 나중에는 나의 노력을 알아주지 않는다며 상대를 원망하게 될 수도 있다.

대중에게 이미지가 좋은 연예인들일수록 부담감이 높다고 한다. 실제 나의 모습은 그렇지 않은데 과하게 포장된 이미지에 대한 기대에 부합하려다 보니 자연히 힘들게 느껴지는 것이다. 항상 웃으며 거절을 못하는 사람들의 마음속에 스트레스가 많은 것도 비슷한 이유다.

나를 좋아하는 사람들은, 알고 보면 나의 밝고 웃는 모습 때문에 나를 좋아하는 것이 아닐지도 모른다. 그냥 있는 그대로의 나 자체를 좋아하는 것인데, 지나치게 잘 보이고 싶은 마음이 크다 보면 실제보다 과장된 모습을 연출하게 된다. 이것이 지속되면 상대방도 왠지 모를 부담감을 느끼게 되고 나 또한 상대방을 만나는 것이 불편해진다. 이는 결국 나에게도 상대방에게도 좋은 방향은 아닐 것이다.

🔘 좋은 이미지를 보여주기 이전에 나를 지켜야 한다

내가 보여줄 수 있는 '적당히' 좋은 이미지를 찾아보자. 호감 가는 이미지를 위해 노력은 하되 어느 순간 내 마음이 힘들게 느껴진다면 그때는 과한 수준까지 올라간 것임을 알아차려야 한다. 나의 정신적인 건강을 우선으로 지킬 수 있어야 하는 것이다. 내게 무례하게 다가오면 정색할 줄도 알아야 하며 아프거나 힘이 들 때는 억지로 자리에 나가 맞추어주지 않아도 된다. 무리하며 나간 자리는 누구도 원치 않는다.

상대방이 무례하게 다가오는 경우, 의외로 당사자는 본인이 그러고 있다는 것을 모르는 경우가 많다. 부탁을 할 때마다 웃으며 다 받아주었기 때문에 상대방은 내가 정말로 괜찮은 줄 알고 무리한 요구를 계속하게 되는 것이다. 따라서 나의 의사를 분명히 전하는 것은 궁극적으로 서로에게 좋은 방향이 된다. 만약 솔직한 의견을 말함으로써 사이가 틀어진다면 그 사람은 진정으로 나를 위하는 사람이 아니었던 것이다.

나의 감정을 들여다보고 스스로 솔직해지는 것은 다가오는 상황에서 최선의 행동을 결정하는 데 도움이 된다. 거절하면 상대방에게 상처가 될까 봐 곧바로 오케이를 하고 있다면, 무조건 따르기 이전에 내 마음이 불편하거나 우울해지지는 않은지 먼저 들여다보자. 좋은 이미지를 만들기 위해 나 자신을 희생할 필요는 없다. 감당 못 할 이미지를 만들다 보면 결국 충족하지 못하는 순간이 다가오기 마련이다. 이때 지치는 마음에 모든 것을 다 놓아버린다면, 애초에 이미지를 만들기 위해 노력하지 않는 게 나았을지도 모른다.

◖◗ 힘을 빼고 편안해야 상대방도 좋다

누구나 편안하고 부담 없는 관계를 원한다. 상대방과 건강한 관계를 오래도록 맺기 위해서는 힘을 빼고 '적당히' 노력하는 자세도 필요하다.

아이를 낳고 병원에 누워 있는데 선배로부터 잠시 들르겠다는 연락을 받았다. 반가운 동시에 추레한 내 모습에 걱정이 밀려오기 시작했다. 그때 문자 한 통이 연이어 도착했다.

"나 얼굴만 보고 금방 갈 거니까 절대로 세수도 하지 말고 뭐 바르지도 말고 그대로 있어!"

나의 성격을 잘 아는 언니가 먼저 문자를 보내준 것이었다. 힘겹게 일어나 뭐라도 바르고 머리라도 빗으려는 찰라, 문자를 받고는 에라 모르겠다 하며 웃으며 누워버렸다. 내가 그동안 얼마나 이미지에 과하게 신경을 썼는지 깨닫는 동시에 배려해준 선배에게 참 고마웠다.

감당 못 할 이미지를 만들며 힘들게 살았던 사람은 나였다. 밝고 친절한 모습으로 이미지를 가꾸며 살았지만 과하게 늘 좋은 모습으로 살려다 보니 지칠 때가 많았다. 몸도 마음도 힘들어 울고 있으면서 거절은 못하고 크고 작은 부탁을 들어주다가 지레 지쳐 동굴 속으로 들어간 적도 많았다. 생각해보면 내게 부탁한 상대방은 잘못이 없다. 늘 좋은 말만 하였으니 당연히 내가 괜찮다고 생각했을 게 아닌가! 오해는 오해를 낳고 거짓된 자세로 나는 스스로를 더욱 지치게 했다.

시간이 흐르면서 뼈저리게 느꼈다. '만들어진 이미지는 결코 오래갈 수 없다는 것'을 말이다. 상대방과 친해지고 싶은 마음에 실제보다 더욱 좋은 이미지로 메타인지 대화를 나누었더라도 그것이 내가 감당 못 할 만큼의 이미지라면 관계는 오래 지속될 수 없다.

따라서 상대방과 정말 오랫동안 잘 지내고 싶다면 좋은 이미지를 만들기 위해 노력하되 내가 감당할 수 있을 만큼의 '자연스러움'을 반드시 지켜야 한다.

이제는 사람들을 만날 때 내가 감당할 수 있는 범위 안에서 노력을 한다. 한 사람 한 사람을 귀하게 여기며 최선의 모습으로 만나려 하지만 너무 피곤한 날에는 편안한 모습으로 나가기도 하고 몸이 안 좋은 날에는 지인에게 연락해 솔직히 말하며 약속을 미루기도 한다. 그런데 그러고 나니 지인들도 이전보다 나를 편안하게 대한다. 그동안 억지로 노력하면서 알 수 없는 부담감을 상대방에게 전했을지도 모른다는 생각이 든다.

좋은 이미지라는 것은 알고 보니 '겉모습'에 달려 있는 것이 아니었다. 우리가 잘 보이고 싶은 이들도 결국 나와 똑같은 사람들이다. 누구나 솔직하고 편안한 사람을 좋아한다. 진솔함을 지키며 배려 있는 자세로 다가갔을 때 더욱 호감을 느끼게 된다.

◐ 솔직한 모습이 호감인 사람

결국, 이미지 관리의 최고 비결은 솔직한 내 모습이 상대방에게도 가장 좋은 모습일 수 있도록 자신을 끊임없이 바라보며 가꾸어 나가는 것이다.

자꾸 화가 나고 서럽다면 나를 들여다보며 꼭 안아주자. 가만히 있어도 너무 힘이 들고 피곤해서 눈물이 난다면 휴식 시간을 일정으로 만들어 푹 쉬어주자. 나의 몸과 마음을 아껴주는 것은 궁극적으로 나의 이미지 또한 좋게 만들어주는 길이다.

진정으로 살아있는 메타인지 대화는, 말하는 사람의 건강과 행복에서 비롯된다.

HOW TO 임포스터를 극복하는 방법

컬럼비아대학교 바너드칼리지 심리학과 리사 손 교수는《메타인지 학습법》에 이은 두 번째 저서《임포스터(Impostor)》를 통해 가면을 쓰는 사람들에 대한 소개와 해결 방법을 제시하고 있습니다.

'임포스터 증후군'이란 자신은 남들이 생각하는 만큼 뛰어나지 않기 때문에 주변을 속이고 있다고 생각하는 불안 심리를 말합니다. 전 인구의 70% 정도가 이 현상을 겪고 있으며 완벽주의, 실패에 대한 두려움 때문에 고통받는다고 합니다.

임포스터의 대표적인 특징은 나를 믿고 있는 사람들이 사실은 내가 그들이 기대하는 만큼 실력이 좋지 않다는 사실을 알아차릴까 봐 '두려워'한다는 것입니다. 때문에 성공을 해도 온전한 기쁨을 누리지 못하며, 실제 모습을 들키지 않기 위해 더욱 두꺼운 '가면'을 쓰게 되고 완벽하게 행동하려 노력하게 됩니다.

어떠신가요? 혹시 나에게도 임포스터의 성향이 있는 것 같으신가요? 전 세계 많은 유명인이 자신을 임포스터라고 밝혔습니다. 대중의 사랑을 많이 받을수록 다음 작품에서는 만족을 못시키면 어쩌나, 사실 나는 그 정도는 아닌데 하며 두려워하고 자책한다는 것입니다. 저 또한 인생의 기준을 '타인'에게 맞추며 가면을 쓰고 살아왔던 모습들이 떠올랐습니다.

임포스터는 타인에게 실망시키면 안 된다는 생각으로 시작됩니다. 힘든 점을 말하면 주위 사람이 부담스럽고 힘들어 할까 봐 스스로 어려움을 해결하려고 하고, 도저히 혼자서는 감당 못 할 일도 부모님이 걱정하실까 봐 아무 일도 없다는 듯 행동하며 혼자 묵묵히 견디는 것은 어린 시절부터 '가면 쓰기'를 시작하는 모습들이라고 해요. 이를 방지하기 위해서는 아이가 어릴 때부터 울고 싶을 때는 울고, 화내고 싶을 때는 화내고, 짜증이 날 때는 짜증을 낼 수 있도록 허용해줘야 한다고 합니다. 자기 감정을 있는 그대로 표현할 수 있을 때 아이가 솔직한 자신과 마주할 수 있기 때문입니다. 이는 어른들에게도 해당하겠지요?

저자는 메타인지를 '용기'라고 정의합니다. 학습이 이뤄지려면 포기하지 않는 용기, 도전하는 용기, 실수를 극복하는 용기, 창피함을 무릅쓰는 용기, 모르는 것을 인정하는 용기, 다른 사람에게 물어보는 용기 등 정말로 많은 용기가 필요하기 때문입니다. 이렇게 메타인지 근육을 키우면 임포스터에서 벗어날 수 있는데요. 이를 위해서는 자신을 있는 그대로 드러내는 시도를 많이 하며 실패가 창피하지 않다는 것을 스스로 깨닫는 과정이 중요하다고 강조합니다. 잘하든 못하든 나의 있는 그대로를 신뢰하며 완벽하지 않은 자신을 받아들이는 용기가 필요한 것입니다.

'철없이 굴지 말라', '외로워도 슬퍼도 울지 말고 견뎌라', '성숙해져라' 하는 암시를 받아오면서 어느 순간 나의 진짜 감정은 감추고 가면을 쓰고 사는 것이 편안해졌는지도 모르겠습니다. 저자는 말합니다. 가면을 쓴 부모가 가면을 쓴 아이를 만든다고 말입니다. 나의 자녀, 다음 세대에 가면을 물려주지 않기 위해서라도 하루하루 용기를 내보아야겠습니다.

2

이미지화된 나와
본래의 나

　처음 아나운서 시험을 보았을 때 카메라 앞에서의 내 이미지는 지금과 달랐다. 그때 나는 혼란을 느끼고 있었다. 도대체 카메라 테스트를 할 때 어떠한 스타일로 등장하여 어떤 표정을 짓고 어떤 식으로 말해야 하는지 아리송했다.

　당시 나는 카메라 앞에서 진짜 나다운 '본래의 모습'을 보여주는 것이 중요하다고 생각했다. 그래서 참된 나의 모습은 무엇일지 고민한 결과 문득 가족이나 이웃들 앞에서 보여지는 모습이 진짜라는 생각이 들었다.

　그래서 경쟁자들이 커리어 우먼처럼 당당하고 멋진 자세로 테스트 현장에 등장할 때 나는 마치 할머니, 할아버지를 뵈러 가듯 최대한 순진해 보이는 미소로 시험장에 입장하곤 했다. 지금 생각해도 참 낯 뜨거워지는 모습으로 시험을 보았던 이유는, 방송국에서 원하는 아나운서상에 나를 맞추는 것은 '가식'이라고 생각했기 때문이다.

● 각각의 자리에 맞는 이미지를 보이는 것은 프로페셔널함이다

2009년부터 쉬지 않고 방송 경력을 쌓아갔다. 그렇게 매일 일을 하며 10년이 넘자 비로소 깨닫게 된 점이 있다.

각각의 자리에는 추구되는 역할과 이미지가 있다는 것이다. 그러니 해당 자리에서 일을 할 때 그 이미지에 맞추어 나를 연출하는 것은 가식이 아니라 '프로페셔널함'이며 '노력'이라고 볼 수 있었다.

아나운서로서 신뢰감 있는 이미지를 보여주기 위해 노력해야 하는 것은 당연하다. 아무리 방송국에서 품격 있는 프로그램을 제작하더라도 진행자가 믿음을 주지 못하면 시청자들이 소식에 대한 신뢰를 갖기 어렵기 때문이다. 이는 비단 방송인에게만 해당되는 것은 아니다. 어느 직종이든 나의 의지로 어떠한 일을 하기로 결정했다면, 그 직무가 추구하는 이미지를 갖추기 위해 최선을 다해야 한다.

나는 평생 누군가에게 먼저 말을 걸고 미소를 지어 보인 적이 없는가? 그러나 내가 스스로 선택한 일이 가령 어느 정도의 친절함을 요구하는 서비스 직군에 해당한다면, 그에 맞는 이미지를 갖추도록 노력해야 한다. 사람들에게 말을 건네고 미소로 대하는 것이 정말로 하기 싫고 힘이 든다면 사람을 최대한 마주하지 않는 직종의 일을 선택해야 할 것이다. 그러나 설령 재택근무만 하는 업무일지라도 세상에 나를 증명해 보이고 지속적으로 일을 해나가기 위해서는 반드시 사람들과 소통하고 예의를 갖추며 대하는 자세가 필요하다. 이것은 가식적으로 잘 보이기 위해 웃음 지어 보이는 것이 아니라, 내가 일을 정성으로 하겠다는 의지의 표현이며 이 또한 노력하는 진짜 나의 모습 중 하나가 된다.

🌑 다양한 환경 속의 여러 모습은 모두 '진짜 나'다

엄마와 동네 아주머니들에게 사랑받는 딸과 같은 모습도 그 자리에서 '진짜 나'이고, 프로그램을 진행할 때 각 프로그램에 맞추어 분위기가 바뀌는 나의 이미지도 그 자리에서는 '진짜 나'다. 동창들 앞에서 한껏 편안해진 모습도 '진짜 나'이며, 처음 만난 사업 관계자 앞에서 다소 긴장되고 딱딱해진 모습도 그 자리에 있어서는 '진짜 내'가 된다.

페르소나(Persona)란 타인에게 보이는 외적 성격을 말하는 심리학 용어로 그 어원은 탈, 가면이란 뜻을 지니고 있다. 사람은 누구나 각 자리에 해당하는 페르소나가 있다. 가정 안에서의 모습이 있고, 사회생활에서의 모습이 있으며, 누구를 만나느냐, 어떤 자리에 있느냐, 기대하는 역할이 무엇이냐에 따라 페르소나가 수없이 달라진다. 이는 거짓된 모습이 아니다. 그 상황에 맞춰가는 또 다른 '나'의 모습들이다. 가식적이고 가면을 쓴다고 표현할 때는 내가 거짓말을 하거나, 뒤에서는 상대방을 비난하면서 앞에서는 칭찬하는 등 도덕적으로 옳지 못한 행동을 하는 경우에 해당한다.

● 상황 속 순간에 집중하며 자유로운 '내'가 되어보자

때로 면접 준비나 발표 코칭을 진행할 때 "좀 더 웃으세요. 좀 더 적극적인 태도를 보여주세요" 하고 말씀드리면 이렇게 답하는 분들이 있다.

"그건 제 모습이 아닌데요. 전 솔직하게 면접 보고 싶어요. 저 원래 잘 안 웃거든요."

면접 때 좋은 모습을 보이는 것이 가식인 것 같다고 말씀 주시는 분께 정중히 질문드렸다. 이 면접에서 정말로 합격하고 싶은지 말이다. 그분은 고개를 끄덕이며 면접에 꼭 붙고 싶다고 했다. 그래서 힘 주어 말씀드렸다. 대단한 이 자리에 붙기 위해 경쟁자 중 누군가는 목숨 걸고 준비하고 있을 것이라고 말이다. 더불어 합격을 하기 위해 미소 지으며 적극적인 태도를 보이는 것이 그렇게 힘들게 느껴지는지 다시금 여쭈어보았다. 생각에 잠기던 면접자는 곧이어 빛나는 눈빛으로 밝은 표정과 당당한 자세를 보여주었다.

메타버스 시대가 도래하면서 한 사람의 정체성이 다양해지고 있다. 오프라인 세상에서의 '나'와 온라인 세상에서의 '캐릭터'는 전혀 다른 모습을 보이기도 한다. N잡러가 보편화되면서 오프라인 안에서도 그야말로 하루에도 여러 번 직업이 달라지기도 한다. 이럴 때 각 역할 속으로 재빠르게 몰입했다 빠져나오지 않으면 혼란을 느낄 뿐만 아니라 맡은 업무를 성실히 해내기도 어려워진다. 어떤 업무든 프로페셔널하게 해내기 위해서는 내가 아닌 각 상황의 '역할'에 집중함으로써 그에 맞는 모습으로 재빨리 변화할 필요가 있다. 이것이 어려워지면 어디서든 집안의 막내 모습으로 재롱을 부리거나, 어딜 가든 회사의 사장님처럼 근엄하게 행동하는 등 상황에 따라 융통성 있게 대응하는 것이 힘들어진다.

● 의지는 '보여'주고 '표현'해야 상대방이 알 수 있다

더불어 각 상황에 따른 역할을 잘 수행하기 위해서는 나의 의지를 '보여'주고 '표현'해야 한다. 내가 면접관이나 고객이라고 생각해 보자. 퉁명스럽게 인사하고 웃음기 없이 화가 나 보이는 사람에게 호감을 가지기란 쉽지 않다. 아무리 내 마음은 우호적이라 할지라도 상대방을 만났을 때 적극적인 행동으로 의지를 표현하고, 긍정적인 이미지를 보이고자 노력하지 않으면 사람들은 나의 속마음을 알기 어렵다. 단 한 번 만나 선택해야 하는 자리에서, 내가 편안한 대로 행동하며 진심을 알아주기를 바라는 것은 마치 상대방에게 독심술을 요구하는 것과 같다.

사회에서 활짝 웃으며 상냥한 사람들 모두가 집에서도 이렇게 내내 웃고 있지는 않다. 다들 각자의 자리에서 오늘 하루 맡은 역할을 최선으로 수행하기 위해 밝은 표정도 짓고 적극적인 태도를 보여주는 것이다. 면접을 볼 때 공손한 자세로 미소 지어 보이는 것, 다소 재미없는 회사에 다니더라도 상사와 동료, 후배들을 보면서 긍정적인 태도로 대하는 것, 이것은 가식이 아니라 내가 하는 일에 대한 예의이자 상대방에 대한 배려다. 면접을 보러 가고 소개팅을 하러 가는 것은 내가 이 회사에 들어가고 싶고 상대방에게 잘 보이고 싶은 마음에 기반을 둔 것이다. 그렇다면 우리는 그 목적을 달성하기 위한 기본적인 노력을 해야 한다. 이는 나의 가짜 모습이 아니라 노력하여 만들어낸 '진짜 모습' 중 하나다.

나는 워낙 부끄러움이 많아 모르는 사람에게 상품 소개를 도저히 못 하겠는가? 지금 웃으며 고객에게 먼저 말 거는 그 어떤 사람도 처음부터 모르는 이에게 다가갈 수 있던 사람은 많지 않다. 내가 선택한 그 업무를 잘 해내고 싶기에 노력하며 그에 맞는 이미지를 만들어간 것이다.

🌑 내가 꿈꾸는 모습을 떠올리며 따라 해보자

어떤 자리에서 말을 잘하고 싶다면, 일단 내가 바라고 청중들이 원하는 발표자의 이미지를 먼저 한 번 떠올려보자. 그리고 거기에 맞추어 노력해보자.

'나는 원래 소심하고 캐주얼한 스타일을 좋아하고 목소리가 작으니 내 스타일대로 할래. 그게 진짜 내 모습이야'라고 생각하기보다는, '이번 발표를 정말 잘해내고 싶은 만큼 최대한 노력해보자! 정장도 꺼내 입고 헤어스타일도 깔끔하게, 인사할 때는 밝게 미소 지으며 당당한 모습을 보여주자!' 하며 변신을 시도해보자. 이는 사회에서 요구하는 이미지에 맞추어 나의 본래 모습을 없애는 과정이 아니다. 미처 몰랐던 또 다른 멋진 나의 모습을 만들어가는 즐거운 여정이 될 수도 있다!

TV에서 말을 많이 하고 항상 웃고 있는 사람도 집에 가면 조용히 말없이 지내는 경우가 많다. 그렇다면 그들이 방송에서 보여주는 모습은 가식일까? 집에서 혼자 있는 모습만이 진짜 내 모습은 아니다. 주어진 자리에서 최선을 다하는 그때그때 나의 모습들도 모두 소중한 '진짜 나'다.

혹시 일터에서 미소 지으며 상사에게 적극적으로 다가가는 동료를 보고 '저렇게까지 해야 하나? 솔직하지 못하네'라고 생각한 적이 있었는가? 이제부터는 '와, 저렇게 노력할 수도 있구나! 내가 상사여도 먼저 인사해주면 좋겠네' 하며 내 안에 가두어두었던 고정된 이미지를 조금씩 바꾸어보자. 회사 사람들과 잘 지내고 싶고 승진을 꿈꾸고 있다면 말이다.

어느 하나 노력 없이 증명되는 것은 없다. 지금 당장 보고서의 오탈자를 수정하는 것보다, 밝고 프로페셔널한 이미지를 위해 한 걸음 노력해보는 것이 나에게도 좋고, 성과 또한 올려주는 길이 될는지도 모른다. 언제 어디서나 상대방과 상황에 맞추어 최선의 메타인지 대화를 펼쳐나가기 위해서는 반드시 고정된 나의 이미지에서 벗어나 '자유'로워져야 한다. 이를 소화하여 청중에게 말하는 사람이 바로 '나'이기 때문이다.

코로나가 장기화되면서 마스크가 필수인 시대가 되었습니다. 얼굴 전체를 마주하며 표정을 읽고 대화를 나누다가, 어느새 입과 코를 가린 채 눈만 보며 이야기하니 많은 제한이 생겼는데요. 이로 인해 사람들을 응대하는 직무의 경우 마스크로 인해 목소리가 잘 안 들리거나 표정이 어둡다는 오해를 주기도 합니다. 마스크를 쓰고도 전달력 높은 말하기를 하려면 어떤 점을 기억해야 할까요? 목소리, 발음, 표정 세 가지 측면으로 살펴보겠습니다.

① 크고 분명한 '목소리'로 말해야 합니다.
② 입을 크게 벌려 '발음'을 정확하게 해야 합니다.
③ '표정'을 적극적으로 활용해야 합니다.

❶ 크고 분명한 목소리

마스크를 쓰지 않더라도 작고 힘없는 목소리로 말을 하면 생활 소음이 있는 곳에서는 상대방이 무슨 말을 하고 있는지 분명히 알아듣기가 어렵습니다. 사회생활을 할 때 나의 의견을 또렷한 목소리로 분명하게 전달하는 것은 신뢰감 있는 인상뿐만 아니라 원활한 의사소통을 위해서도 필수적입니다. 마스크를 쓴 상태에서 또렷한 목소리를 내기 위해서는 더욱 힘찬 발성이 필요하겠지요? 복식호흡 연습을 꾸준히 하고, 평소 책이나 신문을 자주 소리 내어 낭독하면서 한 글자 한 글자 힘찬 목소리를 내는 연습을 하는 것이 도움이 됩니다.

❷ 정확한 발음

말을 명확하게 하기 위해서는 정확한 발음을 구사해야 하는데요. 이를 위해서는 일단, 입을 크게 벌려야 합니다. 입을 작게 열면 아나운서, 성우라 할지라도 정확한 발음을 할 수 없습니다. 나팔의 입구를 작게 하거나 막으면 소리가 잘 들리지 않는 것처럼 목소리가 나오는 통로 역할을 하는 우리의 입 또한 입구를 좁게 하면 소리가 시원하게 나올 수 없기 때문입니다. 게다가 하나의 막이 씌워지는 마스크를 쓴 경우에는 더욱 입을 크게 벌려 또박또박 발음하고 시원한 소리를 내야겠지요? 정확한 발음을 위하여 '아에이오우' 연습을 할 때는 거울을 보시면서 얼굴이 우스꽝스러울 정도로 입을 크게 움직이며 부드럽게 풀어주시면 좋겠습니다.

❸ 적극적인 표정과 제스처

코로나 시대의 말하기 강의를 할 때 수강생분들을 대상으로 먼저 설문을 진행합니다.

"마스크를 썼기 때문에 표정이 잘 안 보인다! VS 마스크를 써도 표정은 다 보인다!"

여러분은 어떻게 생각하시나요? 현장에서는 보통 5:5의 비율로 손을 들어주시는데요. 신기하게도 남자분들은 마스크를 써서 표정을 잘 모르겠다는 의견을, 여성분들은 마스크를 써도 표정이 다 보인다는 의견에 주로 공감해주십니다.

고려대학교 심리학과 최은수 교수팀이 국제 공개학술지 PLoS ONE에 발표한 〈얼굴표정 인식에서 안면마스크가 미치는 영향〉

논문에 따르면 마스크로 가려진 표정으로 인해 실제로 서비스업, 의료계 등 사람을 많이 만나는 업종의 종사자들과 아이들이 정서 인식을 할 때 영향을 받고 있다고 합니다. 따라서 이러한 상황을 정확히 인지하고, 상대방을 위해 마스크로 가려지지 않은 얼굴 부위를 더 과장해 사용하는 등 의사소통을 보강하는 것이 중요하다고 강조하고 있습니다.

보다 원활한 소통을 위하여 다소 불편하시더라도 마스크로 가려지지 않는 눈의 표정을 생생히 지어주시고요. 때에 따라서는 공손한 제스처로 보다 적극적인 의사 표현을 해주시면 마스크로 인해 제한되는 표현력을 보완하는 데 도움이 되실 것입니다.

마스크를 써도 진짜 표정은 드러납니다

다섯 살 아이가 꼭꼭 숨어라를 할 때 책상 아래서 두 손으로 눈을 가리고는 "숨었다!" 하며 외칩니다. 엉덩이와 두 다리가 훤히 보이는데도 눈을 가렸으니 완벽히 숨었다고 생각하는 모습을 볼 때마다 미소 짓게 되는데요. 그러면서 문득, 마스크를 쓴 나의 모습이 저러하지는 않은가 돌아보게 됩니다.

마스크로 내 신체와 마음을 감쪽같이 가렸다고 생각하지만, 상대방이 걸어오는 순간 마스크 너머의 표정과 걸음걸이, 목소리, 뉘앙스 등을 통해 이 사람이 진심을 다하고 있는지, 억지로 웃는 것인지 우리는 알 수 있습니다. 눈은 웃고 있지만 입은 뾰로통하다면 왠지 어색함이 느껴집니다. 국제전기전자공학회(IEEE)의 〈감성적 표현 컴퓨팅 처리〉 저널에 실린 연구에 따르면 인간은 약 1

만 6,384개의 얼굴 표현 방식을 가지며, 아무리 감추려 해도 표정은 어떤 식으로든 드러난다고 합니다. 따라서 마스크를 쓰고 있어도 마치 쓰고 있지 않은 것과 같이 일관성 있는 표정과 태도를 기억해주신다면 코로나 시대에도 끄떡없는 신뢰감 있는 말하기를 하실 수 있을 것입니다.

3

진짜 내 마음속 이야기는
나하고만 한다

"드디어 혼자만의 시간이다!"

사람을 좋아하고 사람 만나는 것도 좋아한다. 말하는 것을 좋아하고 웃겨주는 것도 좋아한다. 상대방을 앞에 둔 채 조용히 있는 것을 견디지 못하는 편이라, 누군가와 있을 때 조금이라도 침묵이 시작되면 어떻게든 이야기를 꺼내며 대화를 끌어가곤 한다.

그러나 못지않게 혼자 있는 시간을 좋아한다. 나와의 대화만큼 있는 그대로의 솔직한 나를 만나는 시간도 없기 때문이다. 이 시간 동안 나도 몰랐던 진짜 내 마음을 발견하기도 한다. 조용히 나 자신과 대화하는 시간은, 상대방과의 원활한 소통을 위해서도 반드시 필요하다.

⬤ 물결이 잔잔해야 작은 움직임도 알아차린다

대화의 상황을 관조하고 말하는 자신을 객관적으로 바라보는 메타인지 말하기를 잘하기 위해서는 무엇보다 나의 내면이 잔잔해야 한다. 호수가 고요해야 아주 작은 조약돌이 만들어내는 울림도 알아차릴 수 있기 때문이다. 상대방이 보내는 눈빛의 작은 차이, 목소리의 변화. 그를 통해 전하는 메시지를 단번에 인지하기 위해서는 내 안이 단단하고, 꼬임 없이 맑은 상태여야 한다.

마음속에서 바람이 일고 거센 파도가 치고 있으면 커다란 바위가 날아와도 알아차리기 어렵다. 상대방을 바라보는 나의 마음에 이미 화가 가득하다면 스스로 내 감정에 먼저 압도되어 상대방이나 주변 상황을 살펴볼 여유가 없어진다. 이런 마음가짐으로 사람을 만나면 애초에 목표했던 것을 이루기도 어려울뿐더러, 나도 모르게 내뿜는 부정적인 언행으로 괜한 오해만 쌓을 수 있다.

⬤ 내가 드러나고자 하면 안 된다

더불어 몰입도 높은 메타인지 말하기를 위해서는 대화 중 나 자신이 드러나고자 하는 마음이 배제되어야 한다. 그래야 말하는 나 또한 온전히 상대방과 대화의 흐름에 집중할 수 있으며, 이를 통해 시시각각 변화하는 분위기에 맞는 적합한 말과 행동을 건넬 수 있기 때문이다. 이는 듣는 자세, 말의 내용, 뉘앙스, 눈빛 등 말을 표현하는 모든 분야에 영향을 준다.

'지금 내가 어떻게 보일까? 어떻게 하면 내가 좀 더 우위에 설 수

있을까? 어떻게 하면 내가 손해 보지 않을까?'

나의 욕심이 우선되어 있으면 상대방의 상태와 마음을 잘 알기도 어렵다. 내가 제일 중요하고 말하면서 나만 보고 있기 때문이다. 이야기 중에 상대방이 먼저 질려서 마음의 문을 닫아버릴지도 모른다. 보다 의미 있고 긍정적인 시간을 보내고 싶다면 내가 빛나고자 하는 마음을 비우고 온전히 상대방과 현장에 집중해보자.

🌑 나는 잊고 말하는 '목적'에 집중한다

가령 단짝 친구와 오늘 만나는 목적이 '친구에게 기쁨을 주는 것'이라고 해보자. 누군가를 기쁘게 해주는 것이 어디 쉬운 일인가! 친구의 마음을 살피기 위해 아이 콘택트를 하며 행동을 유심히 관찰해야 할 것이다. 또 갑자기 벌어지는 예기치 못한 상황에 힘들지 않도록 수시로 배려해주어야 한다. 그런데 만일 상대방을 행복하게 해주러 나간 자리에서 내 맘을 먼저 알아봐주기를 바라고, 내가 한 일을 드러내기에 바쁘다면 어떻게 되겠는가? 목적 달성은커녕 도리어 친구에게 피곤함만 안겨줄지도 모른다.

배우 이병헌 씨의 연기를 좋아한다. 영화의 캐릭터마다 전혀 다른 새로운 인물로 등장하는 것을 보며 연기력의 비결이 궁금해졌다. 그러던 중 〈남산의 부장〉 영화에 함께 출연한 곽도원 씨가 한 인터뷰에서 이병헌 씨의 연기에 대해 이렇게 말한 것을 보았다.

"아니, 연기를 하면 그래도 원래 그 사람이 보이기 마련이거든요? 그런데 이병헌 씨는 아니에요. 영화 속 그 인물만 보여요. 와, 신기했어요."

　보통은 배우들이 연기를 하면서도 평상시 모습이 조금은 비추어지는 데 비해 이병헌 씨는 캐릭터 그 자체로 완벽히 변신한다는 인터뷰를 보며, 그의 연기력 비결 중 하나는 '나'를 잊고 온전히 맡은 '역할'에 몰입하는 덕분이라는 것을 알게 되었다.

　이병헌 씨 외에도 연기력으로 인정받은 스타들의 공통점은 작품마다 전혀 다른 사람이 된다는 것이다. 원래 저 배우가 어떤 사람인지 알 수 없을 정도로 맡은 인물에 녹아든다. 즉, 본디 '나'는 사라진 채 그 '인물' 속에 온전히 집중하는 사람들인 것이다. 그럴 때 관객 또한 작품을 보며 그 캐릭터에 푹 빠져든다.

🔘 혼자만의 시간이 중요한 이유

　순간의 역할에 몰입을 잘하는 배우나 작가, 예술가, CEO 등 성공한 사람들의 인터뷰를 살펴보면 공통점이 있다. 사색을 즐기고 여행, 글쓰기, 독서 등을 하며 '혼자만의 시간'을 많이 갖는다는 점이다. 중요한 목적 달성의 시간에 나를 잊기 위해서는 그 외의 시간 동안 철저히 나 자신과 친하게 지내야 한다. 충분히 나를 안아주고 인정해주고 대화하는 시간을 가져야, 결정적인 순간에 사사로운 감정과 욕심에서 벗어날 수 있다.

　최종 면접만 줄줄이 떨어지던 시기가 있었다. 이때 나를 일으켜준 것은 매일 혼자 걷던 시간이었다. 걷고 또 걸으며 스스로와 대화했다. 반드시 언젠가는 할 수 있을 것이라고 되뇌었다. 지폐가 구겨지고 찢어져도 가치가 변하지 않는 것처럼 아무리 낙방을 많이 해도 나의 가치가 낮아지는 것은 아니라고 스스로 다독였다. 나중에 어머니는 말씀하셨다. 낙방하던 시절 네가 매일 저녁 산책하고 온다고 할 때마다 마음이 아프셨다고 말이다. 하지만 그 시간은 나를 단단하게 만들어준 고마운 시간이었다. 지방 방송국에서 혼자 지낼 때도 9시 뉴스가 끝나면 집에 오자마자 모자를 눌러쓰고 필사적으로 나가서 매일 강가를 걸었다. 도저히 걷지 않고서는 타지에서 혼자 살며 느끼는 외로움을 이겨낼 수 없었기 때문이다. 강물을 바라보며 대화하고 하늘의 별을 보며 눈물을 흘리기도 했다. 하지만 이렇게 내면의 대화를 나눈 시간들은 궁극적으로 마음을 채워주고 자존감을 높여주는 값진 시간이 되었다.

● 나와의 대화를 통해 자기 객관화의 시간을 갖는다

나와 대화하는 시간은 자만심을 날려주는 역할도 한다. 걷고 또 걸으면서 잔뜩 올라간 어깨 힘을 뺄 수 있기 때문이다. 좋은 일이 일어나 심장이 뛰어 일에 집중이 안 될 때는 무조건 나간다. 걷고 뛰면서 지금 일이 잘되었을지라도 내일 바로 없던 일이 될 수 있으며 언제나 변수가 있다는 것을 계속 떠올린다. 그래도 자꾸 자아도취에 심장이 뛸 때는 지금 당장 모든 것을 잃었다고 상상하며 걷는다. 한참을 걷고 나면 그제야 엄청 대단해 보였던 '나'라는 존재가 그저 살아 있는 생명체로 느껴진다. 내가 해야 할 일, 지금 이루어야 할 목적만이 담백하게 남으면 그때 돌아간다.

나와의 대화를 통해 쓸데없는 욕심과 자만심, 잡다한 생각들을 비워내는 이유는 '나'의 성취나 욕심에 젖어 드는 순간 결코 객관적인 메타인지 말하기를 할 수 없기 때문이다.

메타인지 대화를 가능하게 하는 핵심은, 소크라테스가 강조한 '너 자신을 알라'다. 객관적으로 나 자신을 볼 수 있어야 그에 따른 부족한 점을 명확히 깨닫고 발전 전략을 효율적으로 계획할 수 있기 때문이다. 나 자신의 위치와 상황을 분명히 바라볼 수 있을 때 롤러코스터같이 벌어지는 일들에 대해서도 휘둘리지 않고 초연해질 수 있다. 나 자신을 실제보다 너무 대단하게 보는 것도 피해야 하지만 그렇다고 모든 것이 운이라고만 생각하며 자신을 낮추는 것도 지양해야 한다. 노력한 부분에 대해서는 칭찬해주고 앞으로 더 채워가야 할 부분에 대해서는 행동으로 실천하면 되는 것이다.

🔵 내면이 편안해야 그 순간에 몰입할 수 있다

말을 잘하는 사람은 상대방에게 편안함을 준다. 어떻게 하면 가능해질까? 말하는 이 스스로가 즐겁고 편안하면 된다.

부드럽고 즐거운 대화를 이끌려면 먼저 나 자신이 평온해야 한다. 지금 내 마음속이 불순물로 가득하고 무거워서는 결코 상대방에게 편안함을 줄 수 없다. 은연중에 불안감과 화, 욕심이 전달되기 때문이다. 나와의 대화, 기도, 명상, 사색의 시간을 통해 마음이 가벼워지면 잡다한 생각이 사라진다. 그 때 비로소 매 순간에 집중할 수 있게 되고, 그러한 마음 상태로 사람들과 대화하고 발표해야 몰입도를 높게 끌어당길 수 있다.

큰 무대에서 진행을 맡을 때마다 내가 가장 신경 썼던 것은 대본도, 연습도, 외모도 아니었다. 그날 나의 '기분'이었다. 진행하는 나 자신이 신나고 행복해야 그날 무대가 즐겁다는 것을 경험을 통해 알게 되었기 때문이다. 무대에 서기 전에는 대본 연습도 물론이지만 이와 함께 크고 작은 업무들을 미리 끝내놓기 위해 노력했다. 청중 앞에 섰을 때 내 마음이 홀가분해야 즐겁게 몰입할 수 있기 때문이다. 물론, 때로는 계획과 달리 급히 어떤 일이 생기기도 했지만, 적어도 무대에 오른 순간만큼은 다른 신경은 끄기 위해 노력했다. 이는 그 어떤 일을 하든 마찬가지다. 그만큼 편안한 마음으로 순간에 '몰입'하는 것은 메타인지 말하기에 결정적이다.

◼◼ 가장 솔직하고 편안한 나의 시간

당신이 가장 솔직한 모습으로 나 자신과 마주하는 때는 언제인가?

누군가에겐 혼자만의 여행이 될 수도 있고 요리를 하거나 글을 쓰는 시간이 될 수도 있다. 땀 흘리며 운동하거나, 조용히 차를 마시거나, 기도를 하며 마음을 차분히 하는 시간일 수도 있다.

끊임없는 목적 달성의 삶 속에서 지쳐가는 내 마음속 이야기를 언제나 '먼저' 귀 기울여보자. 꽁꽁 숨겨놓지 말고 진솔하게 털어놓는 시간을 만들어 가만히 모두 다 들어주자. 울고 싶을 때는 펑펑 울며 그랬느냐고, 고생 많았다고 위로해주자. 넘쳐 오르는 분노를 표출할 때는 다 풀도록 허락해주고 가만히 받아주자. 그러한 과정을 통해 단단하고 편안한 나 자신으로 거듭났을 때 비로소 상대방의 이야기도 온전히 들어주고 이해해줄 수 있다.

지금 내 마음이 엉켜 있으면 누군가의 이야기를 들어주기 힘들다. 겉으로는 듣는 것처럼 보여도 마음까지 받아주기는 어렵다. 상대방이 무슨 말을 해도 눈물이 나고 어떠한 말을 건네도 화가 나는데 어떻게 다른 사람의 마음을 헤아려줄 수 있겠는가. 이렇게 마음이 약해진 상태에서는 상대방의 별것 아닌 말에도 상처받기 쉬울 뿐만 아니라 내가 상처를 주기도 쉽다. 마음이 힘들다는 신호가 왔을 때는 가능한 한 혼자만의 시간을 많이 갖고 나와의 대화를 정성스럽게 해보자.

메타인지 대화를 잘할 수 있는 궁극의 비결은 진정으로 나 자신을 아끼고 사랑하는 마음에 달려 있다. 셀프 대화의 선수가 되자.

HOW TO 가만히 들여다보면 그 사람이 다가옵니다

어릴 적 전혀 슬픈 상황이 아닌데 눈물이 쉴 새 없이 흐른 적이 있습니다. 가족과 함께 노래방에 가서 아빠가 부르시는 〈아빠의 청춘〉을 들을 때였습니다.

"브라보! 브라보! 아빠의 인생!"

엄마의 탬버린 응원에 맞추어 브라보를 힘차게 외치는 아빠의 모습이 얼마나 행복해 보이던지, 그때부터 갑자기 눈물이 나기 시작했습니다. 이 흥겨운 자리에서 눈물이라니, 정말 황당하지요? 지금도 그날의 아빠를 생각하면 눈시울이 붉어집니다. 너무 행복한 그 모습이 아름다워서인지, 인생의 찬란한 순간이 피고 지는 꽃송이처럼 다가와서인지는 잘 모르겠습니다.

아이가 제 손을 잡고 처음으로 아장아장 걷던 날, 스스로 걷는 것이 얼마나 행복해 보이던지 꺅꺅 소리를 지르며 서툰 발걸음을 내딛던 모습이 아직도 생생합니다. 아이와 활짝 웃으며 걷고 있는데 그 순간 또 목이 메어왔습니다. 행복한 순간은 왜 이리 눈물이 나는지 모르겠습니다.

일을 하면서 저를 힘들게 한다고 생각했던 사람이 있었습니다. 제 마음 안에는 그 사람에 대한 원망이 가득했지요. 어느 날 무심코 그분이 벗어 놓은 구두를 보았는데, 구두가 오래되어 그 안의 네임택이 다 닳아 없어진 것을 보았습니다. 문득, '저분도 정말 열심히 살고 있구나. 각자의 자리에서 맡은 일을 하다 보면 그럴 수도 있는 건데. 내가 혼자 너무 심했네' 하는 생각이 들었습니다. 객관적으로 마음을 들여다보니 저의 욕심과 자격지심에 색안경을 끼고 바라보고 있었다는 것을 발견할 수 있었습니다.

얼굴을 보며 대화를 나눠야 하는데, 도무지 마음이 열리지 않고 상대방이 미울 때가 있습니다. 말하기의 선수가 되려면 마음이 넓고 평온해야 하는데 좁은 마음으로 호수처럼 만들려니 힘들 때도 많습니다. 그럴 때는 상대방을 오래도록 응시하고 바라봅니다. 그렇게 보고 또 바라보면 누구든 눈시울이 붉어집니다.

'저 사람도 다 이유가 있겠지. 우리 아이처럼 해맑게 사랑받던 어린 시절이 있었겠지. 가족을 위해 애쓰고 있겠지. 내가 미처 알지 못하는 수만 가지 사연이 있겠지' 하고 생각하다 보면 화가 났던 마음이 수그러듭니다. '그래. 내가 누구를 판단하고 미워하나' 하는 생각도 들고요.

내 앞의 사람과 함께하는 지금 이 순간은 다시는 오지 않습니다. 돌이킬 수도 없습니다. 아무리 마음을 열고 대화하려고 해도 힘이 들 때는 이제 다시는 못 볼 사람과 함께하고 있다고 생각해보는 건 어떨까요? 이 순간이 마지막이라면 당신은 어떤 한마디를 건네시겠습니까?

지금도 다가오는 당신의 소중한 순간마다 나도 살리고 상대방도 살리는 말들로 행복이 넘쳐나기를 바라봅니다.

지금 이 순간을 산다면
누구나 말하기 선수가 될 수 있습니다

　10년 전 어느 날이었습니다. 어머니께서는 영화 〈베를린〉의 예고편을 보시고는 제게 영화관에 가고 싶다고 하셨습니다. 저는 기쁜 마음으로 예매를 했습니다.

　며칠 뒤 당시 근무하던 아나운서 아카데미로부터 전화 한 통을 받았습니다. 변호사 코칭을 진행할 수 있느냐는 의뢰 전화였습니다. 평소 전문직 코칭을 꿈꾸고 있던 저는 흔쾌히 수락하였습니다. 전화를 끊고 일정표를 보니 그날은 어머니와 〈베를린〉을 보기로 한 날이었습니다. 곧바로 어머니께 문자드렸습니다.

　"엄마, 나 일이 생겨서 이날 영화 못 볼 것 같아. 다음에 꼭 보자. 근데 이유가 뭔 줄 알아? 나 변호사 1:1 코칭 맡게 됐어!"

　어머니께서는 정말 잘되었다고 말씀하셨습니다. 며칠 후 그녀는 영화 〈신세계〉의 예고편을 보며 저 영화도 참 재미있겠다고 이야기하셨습니다. 저는 알겠노라며 당분간은 스케줄이 많으니 조만간 예매하겠다고 말씀드렸습니다.

여느 날처럼 방송을 마치고 아카데미로 달려가 강의를 하고 있었습니다. 수업 중 119에서 전화가 왔습니다. 119 대원은 어머니의 성함을 말씀하시며 위급하니 지금 빨리 이동 중인 병원으로 오라고 하였습니다. 알겠다고 말씀드린 뒤 시계를 보니 수업 시간이 아직 남아 있었습니다. 다리는 덜덜 떨고 있었지만 주어진 업무는 마치고 가야할 것 같아 겨우 정신을 차리며 강의를 이어갔습니다. 곧이어 전화벨이 울렸습니다. 119 대원은 도대체 지금 어디냐며, 상황이 매우 위급하니 빨리 오라고 소리쳤습니다.

그제야 강사실로 달려간 저는 힘이 다 빠져버린 다리로 칠판에 기대어 서서 죄송하다고, 어머니께 가봐야 할 것 같다고 말씀드렸습니다. 정신이 나간 사람처럼 오열하며 도착하니 어머니는 이미 의식이 없는 상태였습니다. 그날 아침 우리가 나눈 '이따 보자'는 말은 평생의 마지막 대화가 되었습니다.

살면서 사무치게 후회되는 순간들이 있습니다. '왜 그랬을까', '왜 그런 말을 했을까', '어떻게 그런 행동을 했을까', '왜 마음에도 없는 소리를 했을까' 하고 말입니다. 돌아보면 모두 '다음'이 있을 거란 생각에서 비롯된 말들입니다.

그러나 야속하게도 인생에 다음은 없습니다. 한번 지나간 시간은 다시 돌아오지 않습니다. 설령 미안한 사람에게 찾아가 사과를 하더라도 이미 입 밖을 떠난 아픈 말은 서로에게 상처로 남게 됩니다.

어렸을 적부터 어머니와 매일 세 시간이 넘도록 수다를 떨며 친구처럼 지냈습니다. 그런데 그녀는 때로 이해가 안 되는 말을 해주었습니다. 어머니께서는 TV에서 이달의 명화를 방영하면 제가 다음 날 시험이 있어도 공부하지 말고 지금 같이 〈벤허〉나 〈바람과 함께 사라지다〉를 보자고 하셨습니다. 다음 날 방송 촬영이 있어 다이어트를 하겠다고 선언하면, 치킨을 들고 오시며 지금 같이 즐겁게 먹으며 대화를 나누자고 말씀하셨습니다. 무리한 스케줄로 일을 하고 돌아와 엄마와 대화할 힘이 없다고 말씀드리면, 그렇게까지 일을 하지는 않았으면 좋겠다고 이야기하셨습니다. 그녀는 제게 말했습니다. 그런 것은 인생에서 중요하지 않다고 말입니다. 진짜 중요한 것은 우리가 함께하는 '지금 이 순간'이라고 말씀하셨습니다.

어머니는 알고 계셨던 것 같습니다. 제가 정말 중요한 순간을 놓치리란 것을 말입니다. 어머니는 한결같이 이야기하고 계셨습니다. 지금 정말 중요한 게 무엇인지 잊고 살지 말라고 말입니다. 진짜로 귀한 시간을 놓쳐버린 뒤에야, 저는 다시는 그렇게 살지 않겠다고 가슴을 치며 다짐하였습니다.

있는 그대로의 나를 믿으며 용기 내어 도전하는 힘, 대화의 매 순간 몰입하고 상대방에 집중하며 목표를 달성하는 힘, 그때그때 주어지는 역할에 최선을 다하며 맡은 일에 충실할 수 있는 힘, 이 모든 것을 단숨에 가능케 해주는 비법은 '지금 이 순간'뿐이라는 마음가짐입니다. 이 시간이 다시 오지 않는다는 것을 떠올리면 말이 허투루 나오지 않기 때문입니다. 결코 상대방을 건성으로 대할 수 없습니다. 결코 일을 대충할 수도 없습니다. 내 앞에 다가온 지금 이 순간은 단 한 번뿐이기 때문입니다.

모쪼록 나와 상대방 모두를 살리는 메타인지 말하기를 통해
소중한 당신의 삶이 언제 돌아보아도 후회되지 않을
행복과 기쁨의 순간들로 가득하시기를 바라겠습니다.